「生き抜く力」の育て方

逆境を成長につなげるために

博士（保健学）
蝦名玲子

大修館書店

はじめに

メンタルの強さと頭のよさに関係はあるのか？
褒めると自尊感情（自己肯定感）が高まるって、本当？
叱って子どもが反省してくれないのは、なぜ？
心が深く傷ついた子どもを、どうサポートしたらいいのか？

本書を手に取ってくださったあなたは、親、教員や養護教諭、保健師やカウンセラーといった立場で日々子どもと接し、このような疑問を抱かれているのではないでしょうか。実は、こうした疑問はすべて「生き抜く力」にかかわるものです。そして今、その答えとも言える「子どもとのコミュニケーションや環境づくりのポイント」を示すエビデンス（科学的根拠）が、世界中から集まりつつあります。

自己紹介が遅れましたが、ワタクシ、「生き抜く力」を専門としている保健学博士のエビーナと申します。この15年以上、「なぜ、つらい経験をしてもそれを乗り越えたり、苦悩しながらも成長を見せたりする人がいるのか」の答えを探求するために、思春期を激戦地域で過ごした旧ユーゴ紛争の生存者、日本国内の小児がん患者やその家族、地震や津波の被災者やその支援者など、実に様々な逆境下にいた方々からお話をうかがい、語られた内容をもとに「生き抜く力」についての理論や研究データを解釈してきました。

また、この力を育む方法を開発し、保健・医療・福祉の専門職や教職員、企業や自治体で働く人を対象にした研修や学生への教育もおこなっています。そうして、学校、職場、地域といった様々な場で「困難な状況に置かれても、どうすれば元気でいられるか」と〝健康〟に焦点を当てて、保健（健康を保つ）の視点からの研究や実践を重ねるうちに、だんだんとこの力の謎が解けてきました。

たとえば、「生き抜く力」を育む取り組みをするとしたら、どの年代でおこなうと、最もやりやすく、かつ効果が期待できると思いますか？

答えは、「思春期」です。

よく、「安定した幼少期を過ごすことが重要だ」と言いますよね。確かに多くの研究が、幼少期に、経済的にも精神的にも安定した、温かく支援的な養育者のいる家庭環境で育つことが、「生き抜く力」の基礎をつくるのに重要であることを示しています。

しかし、幼少期ほどスポットライトを浴びていませんが、「どれだけ理想的な幼少期を送ったとしても、思春期の経験によっては、すべての基礎がひっくり返ってもおかしくない[1]」「不安定な幼少期を過ごしたとしても、思春期の経験によっては逆境下における適応の仕方が変わり、生き抜く力が身につく[2]」といったことが確認されているのです。取り組みのしやすさの面で見ても、思春期は幼少期と比べて保護者以外の人がかかわりやすいというメリットがあります。

また、思春期は「生き抜く力」を効果的に育むことができる時期でもあります。と言うのも、つらいことを乗り越えるには、「何が起こったのか」「今、自分がどんな状況に置かれているのか」「その出来事にどう対処するか」といったことを考える作業がかかわりますが、こうした作業は、認知力がある程度発達されていなければできません。このため子どもの場合、年齢は大きく関係し、年齢が高まるほど、つらい出来事があってもその後の成長が見られやすくなるのです[3]。

そう。思春期は、今ある心の基盤の強さにかかわらず、「生き抜く力」を効果的に育むチャンスなのです！

こうしたことから、本書では、思春期前後の年齢に焦点を当てます。親や教員など、この年代の子どもたちのまわりにいる大人が、「生き抜く力」についての理解を深め、家庭や学校でこの力を育むような接し方や取り組みをすることで、最大の効果が期待できるからです。

では、一体、「生き抜く力」とは何なのでしょうか？　第1章では、「この力が何でできていて、どのように育まれていくのか」というメカニズムを科学的に解明していきます。

それから、「生き抜く力」を育む接し方や環境について説明します。冒頭でも触れましたが、「自信のない子どもに自信をもたせるにはどうしたらいいのか」といった、日常のよくある疑問にも答えとなるエビデンスがあるので、第2章ではそうした様々な疑問に回答しながら、「この力を育むために、日頃どのようなコミュニケーションをとり、家庭や学校の環境をどう整備していけばいいのか」について解説していきます。また、家庭や学校で簡単にできるトレーニングも紹介しています。「なぜ、このトレーニングをするとよいか」「何に効くのか」といった、トレーニング実施後に期待できる効果についてもまとめていますので、読むだけでなく、ぜひ実行してくださいね！

もちろん、子ども自身が「苦しい感情にさいなまれたとき、悲観的になったとき、将来に不安を感じたとき、うまくいかない問題を解決したいときなどに、どうすればいいのか」を理解し、実行できるようになることも重要です。第3章では「生き抜く力の高い人になるために、子ども自身ができること」を紹介します。あなたが子どもに教えるときに使えるトレーニングもついています。

終章では、あなたが子どもとの接し方に悩んだときに、「子どもの生き抜く力を高める接し方ができているか」を振り返るための15の質問を用意しています。「できていない」という項目があるときには、該当頁につながるようにしていますので、再読してくださいね。

きっと解決の道が見つかるはず！

さいごに。

私は本書を、「生き抜く力とは何かを理解し、この力を育む実践を通して、子どもだけでなく、子どもを支えるあなたのよりよい人生を歩むきっかけになれたら」という願いを込めて書きました。

あなたとあなたのまわりの子どもの健康と幸せを心から願いつつ…。

「生き抜く力」の世界へようこそ！

目次

第1章

「生き抜く力」を科学する

人が生きていくうえで大切なのはわかるけれど、少しミステリアスな「生き抜く力」。一体、どんなメカニズムになっているのでしょうか?

本章では、「生き抜く力」について、紐解いていくことにしましょう。具体的には、「生き抜く力とは何なのか」だけでなく、世界の研究者たちが「生き抜く力」を調べ始めた経緯や、「この力が何でできているのか」「どのように育まれていくのか」といったメカニズムを説明した理論や概念、国内外で効果検証された研究や劇的な成果のあった取り組みを紹介していきます。

1 レジリエンス

1 レジリエンスとは

「生き抜く力」を表す専門用語で、最も歴史が長くまた広く知られているのは、「レジリエンス」と言えるでしょう。

たとえば、貧困や不安定な家庭環境は、発達やメンタルヘルスなどを考える際の「リスク」ととらえられることが多いのですが、そうしたリスクにさらされながらも、何の問題も起こさずに、生まれによる不平等を克服できた人はいます。受験の失敗やケガによる運動部のレギュラー降格、両親の離婚や失業といったひどく落ち込む出来事があっても、そうしたストレスにうまく対処し、自分の人生をしっかり歩んでいる人もいます。虐待や暴力といった深刻で持続する悪環境を体験しながらも、そうしたトラウマから回復できた人だって、世の中にはいるわけです。

こうした人たちはなぜ、逆境に打ちのめされることなく、うまく自分の人生を歩めているのか。それを説明したのが、レジリエンスです。

レジリエンスとは、「挑戦的あるいは脅威的な状況にもかかわらず、うまく適応するプロセスや能力、結果のこと[1]」「重大な逆境という文脈のなかで、良好な適応をもたらすダイナミックなプロセス[2]」などと定義づけられています。複数の定義はありますが、レジリエントな（レジリエンスが高い）人は、リスクや逆境にさらされてもうまく適応できることから、「逆境力」「回復力」とも呼ばれています。

「レジリエンス」という言葉の歴史は古く、紀元前に、共和政ローマ期の政治家であり哲学者でもあったマルクス・トゥッリウス・キケロが、「resilire」「resilio」という言葉を「跳ね返る」という意味合いで用いたことに遡ります[3]。ただ、前述の「レジリエンスとは、リスクの存在や逆境にもかかわらず、うまく適応するプロセスや能力、結果のこと」という意味で用いられるようになったのは、発達精神病理学の領域において1940年頃からです。

アメリカの精神科医、ノーマン・ガーメジー博士[4・5]が統合失調症の研究をおこなっていたときに、その症状のため社会生活を続けられなくなった人と、この病気を発症しても社会生活を続けられていた人がいることに気づき、「なぜこうした違いがあるのか」を探求し始めたのがきっかけです。1970年代に入り、この研究が論文としてまとめられたことを契機に、多くの研究が始まりました。

なかでも特記すべきが、カリフォルニア大学デービス校のエミー・ワーナー博士によるカウアイ縦断研究[6]。ワーナー博士は、心理相談員、小児科医、保健師、ソーシャルワーカーとチームを組んで、ハワイのカウアイ島で1955年に出生したすべての赤ちゃん698人を40年にわたって追跡しました。具体的には「その698人の赤ちゃんが、1歳、2歳、10歳、18歳、32歳、40歳のとき、どうなっていったか」をモニタリングし続けたのです。なぜこれらの年齢を追ったかと言うと、「自分や他人への信頼」「自律性」「勤勉さ」「アイデンティティ」「他人と親密さを築ける能力」「次世代育成能力」の発達にとって重要な年齢だからです。

698人の赤ちゃんのうち、約3割である210人が貧困家庭に生まれていたのですが、そうした赤ちゃんは、慢性的な家庭不和や離婚、親の精神疾患などの複雑に絡み合ったリスクを経験しながら育ち、中学2年生になる頃には誰も、母親に育ててもらえなくなっていました。そんな過酷な環境で育った子どもの3分の2は、10歳までに行動面や学習面に問題が現れるようになり、18歳の時点には犯罪歴やメンタルヘルスの問題をもつようになっていました。

彼らの経験を想像すると、そうなっても仕方がないことだとも思うのですが、しかし一方で、残りの3分の1の子どもは、同じような環境で育ちながらも、有能で自信があり、思いやりのある人、まさに逆境をバネに鍛え上げられたレジリエントな大人へと成長したというのです！ こうしたレジリエントな人たちは、幼少期や思春期に行動面や学習面において何ら問題がなかったばかりでなく、学校、家庭、その他の社会生活もうまくこなし、教育・職業面での目標も現実的に設定し、自分自身を信じていました。

また40歳になった時点で、誰も失業しておらず、法を犯すこともなく、生活保護などにも頼っていませんでした。それだけでなく、彼らの離婚率や死亡率、慢性的な健康問題の発症率は、彼らと同じ年齢、性別の人たちと比べ、低いという結果でした。

さらに彼らは、経済的に安心できる安定した家庭に育った人と比べて、同等かそれ以上の、教育・職業面における成功をおさめていたのです。なんて素晴らしいのでしょう！

2 複雑な状況をうまく乗り越えられた人たちの共通点とは？

では、こうした数々の逆境があったにもかかわらず、それを乗り越え、レジリエントな大人になれた人には、どんな共通点があったのでしょうか？

①個人的な要因

まずは、個人的な要因を年齢別に見ていきましょう（図1-1）。

幼少期に見られた共通点は、「気質」。これは1歳のときから、反応の仕方で現れたといいます。彼らが1歳だったとき、その特徴として「積極的、優しい、抱きしめたくなるくらいかわいい、扱いやすい」と母親が言っていたことが多く、2歳になると、他人からも「感じがよい、明るい、フレンドリー、ちゃんと応える、社会的」と言われる傾向にあったようです。また、言語や動き、自ら食べ物を口に運ぶなどのセルフヘルプのスキルの発達が、後に問題を発症する子どもより優れていました。

10歳の時点では、実用的な問題解決力と読解力が、行動面や学習面で問題を生じた子どもと比べて高かったという結果でした。また、自尊感情（自己肯定感）をもち、助けを必要としている人に喜んで手を貸すという行動が見られていました。

思春期が終わる頃には、自分の能力への信頼や「目の前の問題は、自分の行動によって乗り越えられる」という確信を抱くようになっていました。さらに、教育や職業における現実的な計画を立て、将来に向けての高い期待を抱いていました。

図1-1　レジリエントな大人になれた人の共通点

②家族内の要因

こうした個人的な要因のみならず、家族内の要因にも共通点がありました。中学2年生になる頃には、母親に育ててもらえなくなった彼らは、「実の親を当てにできない」という環境にいた人たちです。そんな彼らは、人生の早い時期に祖父母や年上のきょうだい、おじやおばなど、親の代わりとなり得る、感情的に安定した人と強い絆を築いていました。

また、男女別で見ると、男性は家庭のルールや「男はこうあるべき」といった役割がしっかりとしていながらも、感情の表出が促され、受け入れられる家庭に育っていました。一方、女性は、同性の養育者からサポートを受けながらも、自立の大切さを強調される家庭で育っていました。そして、そうした家庭では、何らかの安定や一貫性、生きる意味を感じさせるような宗教的信念をもっている傾向にありました。

③コミュニティ内の要因

彼らが若者へと成長した時点では、コミュニティ内の要因にも共通点が見られます。感情的サポートを得るために、彼らはコミュニティ内の年長者や友達を頼る傾向がありました。大変なときには、自分一人で悩みを抱え込まずに、信頼できる先生、近所の優しい人、年上のメンター、恋人の親、リーダー的存在の人、牧師さんや教会のメンバーなどに相談していたのです。

3 頭がいい子は、レジリエントなのか？

ところで先ほど、「複雑な状況をうまく乗り越えられた人たちの共通点」の1つとして、10歳の時点で実用的な問題解決力と読解力が高かったという結果を紹介しました。問題解決力や読解力が高いことは、「頭がいい」ととらえられそうですが、学力とレジリエンスはどのような関係にあるのでしょうか？

まず確認しておきますが、「過酷な環境で育てられながらも、学力的にきちんと発達を遂げられている」というのは、レジリエントである証の1つです。

しかし、「学力が高いから、レジリエントだ」とは、一概には言えません。なぜなら、「高いIQと養育の質が、学力、品行、社会的能力の発達に関係していた」という研究[7]がある一方で、「頭のいい子は、ストレスが高まると、フラストレーションに耐え、タスクを実行し、うまく自己主張する（アサーティブである）といった、ストレスから身を守る要因となる社会的能力が一気に下がった[8]」「不屈の精神と知性とは関係がない[9]」といったことを示した研究結果もあるからです。

大人の世界でも、「エリートは困難をうまく乗り越えられる」という説と、「エリートは打たれ弱い」という説の両方がありますよね。一体なぜ、こうした違いが起こるのでしょうか？

理由は、対人的経験の違いにあります。「過酷な環境で育っても、よい成績をとることができたときに、まわりがどんな反応を示したか」に関係するのです。

そのときに「よかったね」と、その嬉しさが共感されたうえで、「本当によくがんばっていたものね」と努力が認められ、「努力はよりよい将来や自分の成長につながっている」と実感できた子どもは、粘り強く努力し続けることの意味や重要性を理解できるようになります。すると、また逆境にさらされても、あきらめずになんとか乗り越えようとします。

しかし、そうしたレジリエンスを育むような反応がなされなかった場合には、高い学力が確認されたとしても打たれ弱い人になってしまうのです（こうしたレジリエンスを育む接し方やその根拠となる研究についての詳細は、94頁参照）。

つまり、ある一時点で成績がよかったからといって、レジリエントとは限らないということです。高い学力を発揮し、うまく適応できているように見えても、別の時点では異なる結果を示すこともあります。

また、自分の感情や衝動をコントロールしたり、楽観性をもったり、「自分はできる」と思えたり、原因を分析したり、他人に共感したり、モチベーションをもって働きかけたりといった、レジリエンスの別の側面においてはうまく発達を遂げられず、苦痛を表すこともあるのです。[10・11]

4　レジリエンスは、日々の魔法から育まれる

　では、ここであらためてレジリエンスの特性をまとめておきましょう。

「逆境」と言われるようなつらい経験をすると、人は誰しも傷つき、打ちのめされるということ。レジリエント、つまりレジリエンスが高いからといって、傷つかないわけではありません。

　ただ、そのときに、打ちのめされたままでいるのではなく、「たくさん傷ついたけど、命まで奪われたわけではないのだから」と、また前を向き、歩き始める。そうした経験を通して、以前よりもさらに上手にストレスに対処できるようになる。そのようなプロセスや結果、そのとき身についた力が、レジリエンスなのです。

　誤解してもらいたくないのは、レジリエンスは、ＩＱや楽観的性格といった個人がもともともっている特性というよりもむしろ、「逆境を通して、自分の置かれた環境や自分の体験をどうとらえ直すか」という自己理解や意味づけをしたり、家庭や学校といった社会的な資源をうまく活用したりしながら、逆境と向き合い健闘して鍛え上げられていくものだということです。

　そうした経験を通して、自分の感情や衝動をコントロールしたり、問題を分析・解決できるようになったり、自信がもてたり、モチベーションをもって働きかけられるようになった

り、他人に共感したり信じられるようになったりするのです。

つまり、レジリエンスは、生涯にわたり、それぞれの発達段階に応じて、まわりの様々な要因の影響を受けながら育まれ、ゆっくり展開するものと言えます。ある程度成長し、過去を振り返ったときに初めて、「私、なかなかうまくやってきたんじゃない?」と気づく類のものなのです。

ガーメジー博士と長年ともに研究をしてきたアン・マステン博士は、「レジリエンスは類まれな特別な特性からくるものではなく、子どもの心や脳や身体、また家族や他者との関係性、コミュニティのなかにある、普通の標準的な人的資源の日々の魔法から育まれる[12]」というステキな表現を用いて説明しています。

生まれながらの性質ではなく、「日々の魔法から育まれる」なんて、希望を感じませんか?

5 レジリエントな大人になるために、最低限必要な4つの能力と資源

では、どんな能力を身につけ、どのような資源があれば、逆境をうまく乗り越えられるレジリエントな大人になれるのでしょうか。ここでは、長年レジリエンス研究に取り組まれてきたマステン博士の、「レジリエントな大人になるために、思春期で必要なものは何か」を明らかにした研究を紹介しましょう。

マステン博士らは、対象者173人を、幼少期から若い成人期までの20年間追跡し、逆境、コンピテンス（能力）、レジリエントになるために不可欠な資源について調べました[13]。

すると、レジリエントな大人になるには、IQなどの生まれながらの個人の特性や、養育の質や社会経済的状態といった幼少期の安定した家族内の要因だけでなく、「高い計画性や将来へのモチベーション」「自律性」「対処スキル」「大人からのサポート」といった思春期からでも育める能力や資源が関係していたという結果が得られました。

また、思春期のときにこれら4つの能力や資源があることが、レジリエントな大人になれるかどうかの予測力になり、さらに、これらの能力や資源があることで、今までうまく適応できなかった子どもでも、適応の仕方が大きく変わり、レジリエントになれるといいます（図1-2、次頁）。

この研究結果を知って私は希望がもてたのですが、あなたはいかがですか？　恵まれた幼少期を過ごせたらそれに越したことはありませんが、世の中にはそうでない場合もたくさんあります。「それでも、大丈夫。思春期になった今からでも、決して遅くはないですよ」と、この研究は示しているのです。

なんて希望を与えてくれる研究結果でしょう！

図1-2　レジリエントな大人になるための４つの能力と資源

ワンポイント・コメント

こうした結果を受け、現在、アメリカを中心に、学校でもレジリエンスを高める取り組みが増えています。たとえばペンシルベニア大学の研究チームは、個人の対処能力を「感情調整力」「衝動調整力」「共感力」「楽観力」「原因分析力」「自己効力感」「リーチアウト力（新たなことに挑戦していく力）の７つに細分化し、これらの力を高める介入を広くおこない、効果を確認しています (11·14·15)。

COLUMN

有名人の生き抜く力①

幼少期の困難を乗り越えたココ・シャネル[16]

おマセな思春期の女子からオトナの女性、そして一部のオシャレな男性まで、多くの人々の憧れ、CHANEL。ファッションが好きな人も、そうでない人も、この高級ブランドのことを知らない人はいないでしょう。そんな有名ブランドの創設者ココ・シャネル（本名：ガブリエル・シャネル）は、かなりレジリエントな人だったようです。

実は、彼女は孤児院の出身です。母親が33歳の若さで病死し、その後、放浪癖のある行商人の父親が自由を求めたため、6人の子どもたちは、ある者は親戚の家に、また別の者は他家の養子に、そしてシャネルは母親の実家に近いカトリックの修道院内にある孤児院に預けられました。それは、彼女が11歳のときのことでした。そのとき彼女がどれほどの悲しみや絶望を感じたかは、想像に難くありません。でも彼女は、そこで打ちひしがれ続けたり、人生をあきらめたりすることはありませんでした。18歳まで修道院にいたシャネルですが、そこでは、朝5時に起床し、白のブラウス、黒のギャザースカートに着替え、礼拝後に、勉強、庭仕事や畑仕事、刺繍や編み物をするというような、祈り、労働、清潔を軸とした規則正しい生活を送りました。

18歳になると修道院を出て、仕立屋の針子やカフェの歌い手、騎兵将校の愛人となり、その後、その将校の友人で、後に恋人となる英国実業家の財政的援助に支えられ、24歳で帽子専門店を開店。実は、これがCHANELブランドの始まりなのです。

安定した子ども時代を過ごしたとは言えないシャネルですが、彼女は、「人生の出だしが不幸だったことを私は全然恨んでいない」と述べています。どうしてだと思いますか？

それは、子どものときの不幸な境遇を恨むのではなく、現状を受け入れ、目の前のできることにベストを尽くしていたから。これはレジリエントな人の特徴でもあります。

シャネルは、女性がカラフルなドレスを着ていた時代に、修道院の制服をヒントに黒と白のモノトーンの洋服をつくり、大ヒットさせました。「私がつくった黒のドレスは、白い襟とカフスをつけると、毎日のパンのように、飛ぶように売れた。誰もがそれを着た。女優も、社交界の女性も。そしてお手伝いの女性まで。」デザイナーになったシャネルがこのようにコメントすることができたのは、そもそも修道院に預けられたことを恨むのではなく、刺繍や編み物のスキルをはじめ、日々の修道院生活のなかから学ぼうとする姿勢があったからこそだと思います。

その後の愛人時代に、お金持ちの男性に贅沢な生活を与えられても、それに甘んじることなく、早起きをして働き続ける道を選べたのも、修道院で労働の大切さを学び、理解していたからに他なりません。8頁で「レジリエントな女性は、同性の養育者からサポートを受けながらも、自立を強調されることが多い」と前述しましたが、まさにシャネルも、修道院でシスターから、働き自立することの大切さを教えられたことがよかったのでしょう。

さらに、派手なファッション業界にいながらも、87歳まで心の病気にも生活習慣病にも無縁で、生涯現役で働き続けられたのは、彼女が修道院で規則正しい生活を身につけ、デザイナーになってからもパーティ三昧にならずに、健康なライフスタイルを維持したからこそ。

幼い頃に母親の死や父親に捨てられるという絶望的な経験をしたシャネルですが、彼女はそうした逆境と健闘し、多くのことを学び、レジリエンスを鍛え上げたのではないでしょうか。

2 健康生成論とSense of Coherence（SOC）

1 ユダヤ人強制収容所生存者研究から生まれた「健康生成論」

レジリエンスが広く、多様に使われるのに対し、もう少し焦点を絞った形で「生き抜く力」について説明したのが、「健康生成論」[17]です。

この理論ができたきっかけは、1970年代の初頭、ユダヤ系アメリカ人の健康社会学者、アーロン・アントノフスキー博士が、イスラエルに住む様々な民族の女性たちがどれくらいうまく更年期に適応できているのかを調べていたときに遡ります。分析を進めるうちに博士は、集団の1つが、第二次世界大戦のときに16歳から25歳であった女性たちであることに気づきました。そこで、この女性たちを、ナチスドイツのユダヤ人強制収容所への収容を体験したグループと体験していないグループとに分けたうえで、心身の健康状態を比較。すると、強制収容所を体験したグループの約7割に健康問題が見られました。

こうした結果が得られた場合、普通だったら、問題のあった約7割に注目して、「更年期にまで影響を及ぼす思春期の経験は大切だ」などと結論づけることが多いもの。ところが、アントノフスキー博士は、問題のなかった残りの3割に着目し、「強制収容所で想像を絶するような恐怖を経験し、その後何年もの間、難民であり続けた末に、3つの中東戦争を目の当たりにするといった、トラウマとしてその悪影響を更年期まで引きずってもおかしくないほどの数々のストレスフルな体験をしても、心身の健康を守れているばかりか、そうした経験を人間としての成長の糧にさえして、明るく、前向きに生きているなんて素晴らしい。この人たちに共通する特性は、何なのか？」と考えたのです。

そして、この質問に対する答えを説明するために、健康生成論を開発したのです。

2 首尾一貫感覚（SOC）とは

健康生成論では、人は「健康と健康破綻状態との間を、常に行き来している」と考えます。生きていれば、受験の失敗、いじめや虐待、愛する人の死、戦争や自然災害による被害など、つらい出来事に遭遇することがあります。

そのようなときには、誰でも健康が破綻しそうになるくらい傷つきます。でも、そうした「健康を破綻させる力」よりも、「元気になる力」が大きければ、人は健康状態を維持することができる。それが、健康生成論の基本的な考え方です。

健康生成論では、そんな「元気になる力」のことを「首尾一貫感覚」、原語では「Sense of Coherence（SOC）」と呼んでいます。

SOCは、「その人に浸みわたった、ダイナミックではあるが持続する確信の感覚によって表現される世界（生活世界）規模の志向性のことである。それは、①自分の内外で生じる環境刺激は、秩序づけられた、予測と説明が可能なものであるという確信、②その刺激がもたらす要求に対応するための資源はいつでも得られるという確信、③そうした要求は挑戦であり、心身を投入しかかわるに値するという確信、から成る」と定義づけられています。

少し難解な定義なので、まずここでは「元気になる力SOCは、①わかる感、②できる感、③やるぞ感、の3つの感覚[Dr.]により構成されていて、これらの感覚が高い[注]と、困難な状況にさらされてもうまく乗り越えていける」と覚えてください。

Dr.エビーナの ワンポイント・コメント

「わかる感」「できる感」「やるぞ感」というのは、皆様に覚えていただきやすいように私がつくった言葉で、正式名称はそれぞれ「把握可能感」「処理可能感」「有意味感」です。

（注）研究者としてSOCが役立つと思うのは、健康生成論を公表する際、アントノフスキー博士は、SOCを測定する29項目もしくはその短縮版の13項目から成る「SOCスケール」という7件法の質問紙

を開発したという点。「その回答の得点（SOC得点）が高いと、困難な状況にさらされても、心の病気になりにくい」というように、SOCの高低を簡単に判断できるのです。この質問紙の信頼性や妥当性は、日本を含め多くの国々で確認されています。

3　SOCを構成する3つの感覚

では、SOCを構成する感覚を1つずつ、説明してきましょう。SOCは、次の3つの感覚から成り立っています[18・19・20]。

①わかる感

「わかる感」とは、「自分の置かれている状況を理解できている、または今後の状況がある程度予測できる」という感覚のことです。

たとえば、最近、あなたの生徒のA君の行動が荒れ始めていることに気づき、A君の役に立ちたいと思って声をかけたら、心を開いてもらえないどころか、「うざいんだよ！」と怒鳴られたとしましょう。そうしたときにあなたのわかる感が低いと、「どうして自分には心を開いてくれないんだろう。あんなふうに怒鳴るなんて、嫌われているのかな」「もうどうしたらいいんだろう」などと混乱し、そんなふうにA君の言動を気にする毎日が続くと、疲れきってしまうでしょう。

ところが、「思春期という多感な年頃だし、何か嫌なことがあってイライラしやすくなっていたのかもしれない。だから私に怒鳴ったのであって、別に嫌われているとは限らない」と、自分が置かれている状況を理解したり、「A君の様子をしばらく注意深く見守り、タイミングを見計らって声をかけたら、次はきっと心を開いて話してくれるだろう」と、これから起こることを予測できると思えたりすると、落ち着くものです。また、予測さえできていれば、次、A君に怒鳴られても、そこまで傷つかずに済みます。

つまり、わかる感が高いと、自分にストレスを与える原因を把握したり、予測したりできると思えるため、動揺しにくくなるのです。

②できる感

「できる感」とは、ストレスをもたらす出来事に対して、自分にはそれを処理するために必要な人やモノなどの「困難を乗り越えるときに使える資源」があるから、「なんとかなる」「なんとかやっていける」という感覚のことです。

たとえば、複雑に絡み合った問題を抱えている生徒をサポートしたいのに、うまくできなくて途方に暮れているとしましょう。そうして悩んでいると、同僚や上司、スクールカウンセラーなどの専門家が相談にのってくれ、「こういうふうにサポートしたらいいんだ」というイメージが自分の中で見えてきたら、それだけで「なんとかなりそうだ」と思えるのではないでしょうか？ こうした情報的サポートは、あなたの「困難を乗り越えるときに使える資源」の1つです。

また、落ち込むようなことがあった日、家に帰ったらパートナーが「元気ないね。何かあった？」と声をかけてくれ、しっかりと話を聞き、「君はがんばっていると思うよ」と認めてくれたりするなど、情緒面でサポートしてもらえたら、また「なんとかやっていけそうだ」と思いやすいものです。

さらに、悩んでいるときは、「この選択をしてよかったのか」と、自分の行動の妥当性に確信がもてなかったりするものですが、そうしたときに「あなたの行動は正しかったと思いますよ」と支持してくれる人がいると、また自信をもって前に進んでいけます。他にも、まわりを見渡すと、実質的に助けてくれる存在、一緒に遊んでリフレッシュさせてくれる存在などがいるはず。こうした自分を助けてくれたり、ラクにしてくれたりする存在はすべて、資源なのです。

自分の中にも資源があります。たとえば、風邪をひいているときは気力が落ちてしまうものですが、丈夫な身体も資源の1つです。また、「自分を信じることができる」「前向きである」という人は、同じ困難を体験しても「なんとかやっていける」と思いやすいもの。こうした価値観や態度も、資源と言えます。

普段は意識していないかもしれませんが、困難が降りかかってきたとき、私たちは、こうした資源を上手に使いながら、それを乗り越えています。つまり、できる感が高いと、「自分のまわりには、そして自分の中にも、ストレスをもたらす出来事を処理するために必要な資源がある」ということに気づき、活用していけるため、追いつめられにくくなるのです。

③やるぞ感

「やるぞ感」とは、ストレスをもたらす出来事を「これは自分にとっての挑戦だ」「これを乗り越えることは人生に必要なことだ」と信じ、日々の営みへのやりがいや生きる意味を見出せる感覚のことです。

つらいことや大変なことを前にすると、つい「何のためにがんばらないといけないのだろう」「もうどうでもいい」と感じてしまうかもしれません。やるぞ感が低いと、そのままずっと「何のために…」と思い続け、最悪の場合、人生をあきらめてしまうことになりかねません。

しかし、「これを乗り越えることには意味があるんだ」と思えると、あきらめずに生き抜いていくことができます。やるぞ感の高い人は、「神様は乗り越えられない試練を与えるはずがない」などと、その困難を乗り越える意味を見出すことができるため、あきらめてしまいにくくなるのです。

生きていたら、つらいことは起こります。勉強しても成績が上がらなかったり、友達との関係が悪くなったり、受験に失敗したり、いじめにあったり、さらには家庭が崩壊したり、愛する人が亡くなったり…　様々な困難に遭遇することがあるでしょう。しかし、どんな困難に遭遇しても、それをうまく乗り越えてこられた人々は、これら３つの感覚が高かったという共通点がありました。つまり、たとえストレスを感じることがあっても、「わかる」「できる」「やるぞ」と思えると、うまく乗り越えられるのです。

4　思春期のSOCは形成途上

では、ＳＯＣは、どのように育まれたり、変化したりしていくものなのでしょうか？　ここから、幼少期から成人に至るまでの全体的なプロセスを簡単に説明していきましょう。

まず幼少期では、親など、自分を育ててくれている人が常に傍にいて、安心して当てにできるという経験ができていること。さらに、行きづまったときには「こうやればいいんだよ」と、うまくいかせるための方向性を示してくれて、「自分が決めたことは認められている」と感じられることが、ＳＯＣを高く育むために重要です。

そうして年齢とともに、親だけでなく友達や先生など交流範囲を広げながら、学校生活における経験を積んでいくことで、思春期になる頃には〝仮の〟ＳＯＣが育まれています。ただ、ここで〝仮の〟とあえて記したのは、思春期のＳＯＣが脆弱で未熟な形成途上段階のものだから。アントノフスキー博士は、「どれだけ高いＳＯＣが育まれていたとしても、この段階の経験によっては、ＳＯＣを高く育むためのすべての基礎がひっくり返ってもおかしくない」と述べています。

これについて理解を深めるために、「高校生活1年間弱で、ＳＯＣがどう変動し、そうした変動にはどういった要因がかかわっていたのか」について調べた、戸ヶ里泰典博士らの研究[21]を紹介します。この調査は、２００７年5月、11月、２００８年3月の3回にわたって、東京都内の高校に通う生徒１５３９名のＳＯＣ得点を測定し、各時点において中央値でＳＯＣ得点が高いグループと低いグループの2つのグループに分け、その変動を把握したものです。すると、6割弱の生徒のＳＯＣは維持されていた（3時点ともＳＯＣが高いグループに属した、もしくは低いグループに属した）のに対し、4割強の生徒のＳＯＣは上昇（低→低→高／低→高→高）・下降（高→低→低／高→高→低）・変動（低→高→低／高→低→高）が見られたという結果が得られました。つまり、半分弱の生徒のＳＯＣは1年を通して変動していたわけです。

3時点とも高いＳＯＣを維持した生徒（高→高→高）は全体の26・5％だったのですが、その背景には、「小学生のときに部活動を積極的にしていたこと」「いじめられた経験がないこと」、それから「高校生のときに成績がよいこと」「スポーツや芸術面が得意なこと」「友達関係をうまくやれ、わかり合える友人の数が多いこと」という要因が直接関係していました。また、SOC得点が上昇したのは全体の16％で、「高校生のときに部活動を積極的にしていること」「友達関係をうまくやれ、一定のわかり合える友人がいること」という要因が関係していました。

ここまでで、思春期のSOCの変動のしやすさや、高いSOCを育むための要因が大体おわかりいただけたかと思います。さらに、戸ヶ里博士の別の調査[22]では、高校生のSOCは成人のSOCよりも低いこと、また学年が上がるにつれ徐々にSOCが高まる傾向にあることが明らかになっています。

こうした結果はまさに、高校生のSOCはまだ形成途上段階であるため未熟だけれど、年齢を重ねるうちに成熟していく可能性があることを示唆していると言えるでしょう。

5　なぜ高校生の彼女は、友達による裏切りやいじめなどを乗り越えられたのか？

部活動を積極的にしたり、友達とよい関係が築けたりしたら、SOCを高められることはわかりました。でも、もしそうした経験ができなかったら、どうなるのでしょうか？　たとえば、友達による裏切りやいじめなど、これ以上ないほどの過酷な経験をしてしまったら、SOCを低めてしまうしか道はないのでしょうか？

いいえ。そうとは言えません。実は、私がＳＯＣと出逢ったのは、「旧ユーゴ紛争」という１９９０年代にヨーロッパの多民族国家、ユーゴスラビア社会主義連邦共和国の崩壊に伴い勃発した内戦を思春期で体験し、その後、国の解体・独立をはじめとする混乱社会を生きた女性たちが、その約10年後にどうなっていたのかを調べる研究をしたことがきっかけです[23]。

旧ユーゴ紛争は民族戦争だったので、私の研究に参加してくれた人のほとんどは、クラスメイトや近所の人、家族ぐるみの友人たちから、民族の違いによる裏切りやいじめ、それによる失望を少なからず経験していました。こうした経験は、自分のいる世界を信頼できるものとして見ることを難しくするものであり、ＳＯＣを低めてもおかしくないものと言えそうですが、それでも驚くべきことに高いＳＯＣを育めた人々がいたのです！　なぜ、そんな環境下なのに高いＳＯＣを育めたのでしょうか？

ポイントは、裏切りやいじめをする人たち以外から、サポートを受けられたことにあります。たとえば、私の研究参加者のなかに、クロアチア人の父親とセルビア人の母親をもつ女性Ａさん（戦争勃発時、高校生）がいました。戦争が起こる前までは、クロアチア人、セルビア人ともに「ユーゴスラビア人」という1つの国民だったのに、１９９１年のある日、クロアチアの独立表明を機に、クロアチア人とセルビア人は敵として戦うことになりました。

そうしたなかで、混血だったＡさんは、「自分はどちら側の人間なのか」「自分は何者なのか」という民族的アイデンティティの混乱、クラスメイトの態度の変貌やいじめを体験しました。Aさんは戸惑い、傷つき、失望し、「もう以前のように、無条件に人を信じることはできない」と発言するようになります。また、少しでもいじめられないようにするために、一時的にクロアチア人が信仰するカトリック教会に通い、クロアチア人のように振る舞うようになりました。ただその一方で、「民族とは何か」について、同じように「混血」という立場の友達やクロアチアに住み続けたことでさらにひどい差別を受けているセルビア人の母親としっかり話し合い、「私は真の混血だからどの民族にも属していない。ただクロアチアの国民権はある」と、自らのアイデンティティを確立していったのです。

また、Aさんは自分を裏切り、いじめたクラスメイトとはできるだけ距離を置き、学校関係者のいない「新たな世界」でボランティア活動に打ち込みました。戦争で電話が通じない状況において、ラジオを通して人々のメッセージを伝えるそのボランティア活動は、Aさんにとってやりがいや使命感を感じさせるものでした。だから、砲弾が飛んでくるなか、無給なのにもかかわらず、毎日、通い続けていました。すると、そうしたAさんの行動や仕事に対する姿勢が感謝・評価され、「そのラジオ局に心の居場所ができていった」といいます。

終戦後、大不況がAさんのまちを襲い、多くの若者が失業に悩まされたのですが、Aさんは、戦争中に信頼関係を築いたラジオ仲間からの紹介で職を得ることができました。私の調査に参加してくれたときにはさらにキャリアアップしていて、研究参加者のなかで最も高い収入を得ていました。

戦争、民族的アイデンティティの混乱、友達による裏切りやいじめといった多様なつらい経験を高校生のときにしたAさんですが、同じ悩みを抱く友人や家族の精神的サポートを受けられ、さらに学校関係者のいない場所で新たにできた仲間からも支えてもらえたことで、数々のストレスに柔軟かつ適切に対処できたことがうかがえます。

つまり、ここで覚えておいていただきたいのは、思春期でこれ以上ないほどの過酷な経験をしてしまったからといって、必ずしもSOCが低くなるとは限らないということ。形成途上の未熟なレベルかもしれませんが、思春期になるとSOCがある程度は育まれています。ストレスにうまく対処できるように支えてくれる家族やコミュニティの人たちさえいれば、SOCをさらに高く育むことは可能なのです。

6 思春期で高いSOCを育めたら、どんないいことがあるのか？

ところで、思春期で高いSOCを育めたら、具体的にどんないいことがあるのでしょう？その1つは、将来、自立した、健康な大人になれる可能性が高まるということ。このことを示した、あるデンマークの研究[24]を紹介しましょう。この研究では、中学1年生と2年生の生徒722人にSOCスケールに回答してもらい、「12年後、どうなっていたか」を探りました。すると、性別を問わずすべての回答者に言えたことは、中学生時代のSOC得点が低かった人たちは、12年後、自分の健康状態を「普通」もしくは「悪い」と答えた人が統計的に有意に多かったということでした。また、ＳＯＣ得点が低かった女子は、高かった女子に比べ、大人になってから失業保険や疾病給付などの社会保障を受けるリスクが有意に高かったという結果が得られたのです。

こうした将来の健康状態については様々な研究で確認されていて、世界32か国、33言語、20万人以上を対象に総括的に検証された結果、[25・26・27]「ＳＯＣが低いと、将来、不安、怒り、敵意を抱きやすく、うつになりやすい」、一方で「ＳＯＣが高いと、楽観的に、希望をもち、臨機応変に、建設的な考え方をしやすくなる」と結論づけられています。

また、現在の健康状態で見ても、「ＳＯＣが高い人では、不安、疲労、落ち込み、うつ、希望がもてない状態である人が少なく、耐久力や自分の意思や意向を貫けるというコントロール感が高く、楽観的で、自信があり、自分の健康状態をよいと認知し、人生に満足している人が多い」ということが結論づけられています。

思春期で言えば、４７３１人を対象としたノルウェーの研究で、ＳＯＣの高い子どもは健康上の訴えが少ないことが確認されていて、それはＳＯＣに学校関連のストレスを和らげる効果があるためだと示唆されています。[28]

7 SOCを育む3つの「良質な経験」

では、SOCはどのように育まれるものなのでしょうか？　そのポイントは、3つの「良質な経験」を積むことにあります。

①「一貫性」のある経験 → わかる感を高める

1つ目のポイントは、規律やルール、そのルールについての責任の所在、価値観などが明確な環境のなかで生きる経験、つまり「一貫性」のある経験をすることです。

たとえば、ある子どもの親が情緒不安定で、その時々の感情で言うことがコロコロ変わったり、言葉と行動がチグハグだったりすることが多いとします。そうした親のもとにいると、子どもは「今、自分に求められていることは何なのか」がわからず、「今後、どう行動したらいいのか」見通しもつきにくいものです。そのように基準が不明確ななかで、親の感情のままに怒られたら、「どうして私が怒られなきゃいけないの？　あのときは、こう言ったのに、今度は、違うことを言って…　まったくこれからどうしたらいいんだろう」と、何が何だかわからなくなるでしょう。さらに、「次は、いつ怒られるのか」がわからず、予測もできず、いつも不安で、気の張りつめた毎日を送ることになってしまいます。

一方、自分の役割や評価を受けるときの基準が明確だと、自分の置かれている状況が理解しやすいですし、「この行動をとるとこうなるだろう」という見通しもつきやすいものです。

このように、わかりやすくて、「私のいる世界は、安心して頼れるものだ」という確信がもてるような一貫した環境で生活をすることが、わかる感を高めるためには何よりも重要なのです。

Dr.エビーナの

ワンポイント・コメント

実は、親のSOCが低いと、子どものSOCも低く、健康状態も悪くなることが確認されています。もし、あなた自身が「もうどうしたらいいんだ」と混乱したり、「どうにもならない」と追いつめられたり、「どうでもいいや」とあきらめたりしやすい場合、つまり、わかる感、できる感、やるぞ感が低いと自覚されているようでしたら、ぜひ第2章以降で紹介するトレーニングをやってみてください。

②適度なストレス→できる感を高める

2つ目は、小さすぎも、大きすぎもしない、「バランスのとれた、適度なストレスにさらされながら生活すること」です。

ストレスと言うと悪いイメージがありますが、適度なストレスは健康にとって必要なものです。単調すぎる生活を送っていると「あぁ、毎日、同じことの繰り返しで退屈すぎる。私は、このまま年だけとっていくのか」と、不安を感じてしまいませんか？　自分のもっている能力を十分に使う必要もないくらい小さなストレスしかない状態も、実は、よい状態とは言えないのです。

ちなみに、「ストレス」という言葉を定義した生理学者のハンス・セリエ博士は、「ストレスは人生のスパイス」と表現しています。(29) スパイスのない料理が美味しくないように、刺激がない生活も退屈すぎておもしろくないし、成長もできない、と言っているわけです。適度なストレスは、私たちを奮い立たせ、よりよい人生を送るのに必要なものなのです。

一方で、過度なストレスも、もちろんよくありません。自分には対処できないくらい大きなストレスを感じ続けると、燃え尽きそうになったり、「もうダメだ、どうにもならない」と追いつめられたりしてしまいます。

ところで、親や教員として、どれくらいの負荷をかけたら、子どものストレスレベルを「バランスのとれたもの」にすることができるのでしょうか？

ここでは、子どもの成績を上げたい場合を例にして考えてみましょう。子どもが勉強を「難しい」と感じ、成績も悪いとします。そんなとき、あなたは「もっとがんばりなさい」「あなたならできるから、自信をもって」などと言ってはいませんか？　こうした声かけは、子どものストレスをさらに大きくさせ、子どもを精神的に追いつめることになりかねないので、オススメできません。子どもにとっては、難しい勉強をしなくてはいけないことも、勉強しているのに成績が上がらない状況も、成績が上がらずにがっかりしている親を見ることも、すべてストレスをもたらすものです。

そうしたなかで「もっとがんばれ」と言われることは、ストレスを大きくさせる（子どもを追いつめる）言葉でしかなく、「もう十分がんばっているよ！」「これ以上、どうがんばったらいいんだ」という気持ちでいっぱいにさせてしまうのです。また、「あなたならできるから、自信をもって」と言われても、成績が悪いのは本人が一番よくわかっていることなので、自信なんてもてるはずがありません。

では、どうしたら子どもが感じているストレスを、「がんばってもムリ」という〝不可能レベル〟から、「がんばればなんとかなりそう」な〝少しチャレンジングなレベル〟にすることができるのでしょうか？

ポイントは、あなたが勉強の内容を理解するためのサポートをし、「教えてもらった通りやったら成績が上がった」という成功体験を子どもに積ませること。つまり、あなた自身が、子どもにとっての「困難を乗り越えるときに使える資源」になることが大切なのです。

過度なストレスにさらされているときには、叱咤激励ではなく、「ストレスは大きいけれど、でも私には助けてくれる存在があるから、なんとかなりそうだ」と思ってもらえるような存在となり、ストレスのレベルをがんばればなんとかなりそうな〝少しチャレンジングなレベル〟にすることが、できる感を高めるためには重要なのです。

③結果形成に参加する経験→やるぞ感を高める

３つ目は、「社会的に価値のある意思決定に参加し、認められる経験をすること」です。たとえば、クラスで何かを決めているとき、ある生徒が何か発言をしたとしましょう。そんなときに、教員やクラスメイトがその発言を軽く流したり、無視したりしました。実は、そうしたことは今回に限ったことではなく、その子が何か発言したときにしっかりと受け止められることがこれまで一度もなかったとしたら、だんだんその生徒は「どうせ私が何を言っても相手にしてもらえないんだから、関係ないし」「私なんていなくてもいいかも」と感じるようになってしまう、つまり、やるぞ感が低くなっていってしまいます。

「私は必要とされている」「価値のある存在なんだ」と感じられる（やるぞ感を育む）ためには、家庭や学校などで、本人が「価値のある重要な問題だ」と思っている事柄についての意思決定に参加し、「自分の意見や行動が認められた」という経験をすることが重要なのです。

アントノフスキー博士の生前、共同研究に取り組んでいたシフラ・サギー博士は、「こうした子ども時代の結果形成に参加する経験が、大人になったときのＳＯＣに最も大きく関連する」ことを確認しています。[30] 親や教員などのまわりの大人が、子どもの意見をしっかりと聞き、尊重する姿勢を心がけることが、高いＳＯＣを育むために何よりも大切ということですね（図1-3）。

図1-3 SOC育成を阻む3つのNO!

①感情で言うことがコロコロ変わる

②「もっとがんばりなさい」と言うだけでがんばる方向性を見せない

③子どもの発言を軽く流したり、無視したりする

COLUMN

有名人の生き抜く力②

イチロー選手のわかる感を高める工夫[31]

わかる感とは、「自分の置かれている状況を理解できている、または今後の状況がある程度予測できる」という感覚のことでしたね。この感覚が低いと、つらい出来事が起きたときに、「どうして自分がこんな目に！」と混乱し、「もうどうしたらいいんだ」と動じやすくなります。

こうしたときというのは、まるで「ネガティブな感情」の台風の渦中にいるようなもの。大変ななか耐えてがんばっているのに、状況が改善していかないどころか、どんどん悪くなっていって、疲れきっている。そんな状態です。

でも、もし、なんとか渦中から脱出をはかることができたら…　客観的に分析し、台風の進む方向を理解し、すでに台風が過ぎ去った場所へと避難するといった、何らかの対策をとることができます。

つまり、こうした台風の渦中にいるような、心が混乱しているときに大切なのは、まず渦中から抜け出て、自分の置かれている状態を客観的に見ることなのです。そうは言っても、これが、なかなか難しいんですよね。

ところで、自分を客観的に見ることができる人というのは、なぜそんなことができるのでしょうか？　生まれつき冷静だから、できるのでしょうか？

以前から私は、プロ野球のイチロー選手は、いつも冷静に、客観的に自分を見ることができて素晴らしいなぁと思っていたのですが、あるインタビューで「不調」についての話題になったときのイチロー選手の回答を聞いて、腑に落ちました。イチロー選手は、次のように答えていたのです。

「自分は今、ここにいる。でも、自分のナナメ上にはもう一人自分がいて、その目で自分がしっかりと地に足が着いているかどうか、ちゃんと見ていなければいけない」と。

まるで台風の渦中にいるような、ネガティブな感情でいっぱいの自分と少し距離を置き、「ナナメ上にはもう一人自分がいる」とイメージして、そのもう一人の自分の目で、今の自分の置かれている状況を俯瞰する。

実はこれこそが、自分を客観的に見るポイントなのです。「ナナメ上にはもう一人自分がいる」とイメージして、「そもそも、今、不調に陥っている原因は何だろう」と、原点に戻るような質問を、もう一人の自分に問いかけてみるのです。

たとえば、自分のクラスの生徒のA君に心配して声をかけたのに、「うざいんだよ！」と怒鳴られて以来、「せっかく心配してあげたのに！」「いつ嫌われるようなことをしてしまったのだろう」「信頼され、心を開いてもらいたい」「どうしたらいいんだ」「A君以外の生徒にも嫌われていたらどうしよう」など、いろんな感情が渦巻いているとします。

そうしたとき、ナナメ上から、今の自分の状況を見てみると、「冷静に考えてみれば、クラス替えをしてまだ3か月しか経っていないし、A君とはまだ1対1で話をしたことはない。だから、A君にしてみれば、まだ私のことを信頼していいのか、わからないのだろう」ということに気づくことができるかもしれません。

　すると、「悩みが深ければ深いほど、なかなか他人には話せないもの。今はまず、焦らず、ゆっくり信頼関係を築いていこう。信頼関係が築けたら、きっと心を開いて話してくれるだろう」と思えるのではないでしょうか。

　このように、自分の置かれている状況の全体像が把握でき、今後、自分がどのように動いていかなければいけないかがある程度わかったら…、あなたの不満や怒り、焦りや不安は、自然とおさまっているはず！

3 心的外傷後成長

これまでに紹介してきた概念を簡単におさらいすると、「レジリエンスやSOCといった力が高いと、困難があってもうまく適応できる」と言えます。だから、レジリエンスやSOCを高めることができたら、つらい出来事があってもうまく乗り越えられやすくなります。

しかし、自分の今までの世界観が崩壊するほどのひどいいじめや暴行、事故や病気といった心的外傷（トラウマ）経験をしてしまったら、どうなるのでしょうか？　傷つき、心の病気をも発症し、人生の坂を転がり落ちていくような道しか残されていないものなのでしょうか？

そんなことはありません。実は、「トラウマとなるほどのつらい出来事があると、それにより心に傷を負い、病気を発症してしまうかもしれない。でもその出来事があったからこそ、成長できる」、そんな仕組みやプロセスを示した概念もあるのです。

ここからは、「心に傷を負うようなつらい出来事や今の苦しみがあるからこそ、成長できる」ということを説明した概念、「心的外傷後成長」を紹介していきましょう。

1 心的外傷後成長とは

「心的外傷後成長」とは、「危機的な出来事や困難な経験における精神的なもがき・闘いの結果生ずる、ポジティブな心理的変容の体験」と定義づけられています[32]。精神的にもがき、葛藤していくなかで、トラウマとなるほどのつらい出来事が起こる前の状態に回復するだけでなく、それ以上の人としての成長が見られるという意味合いが含まれています。

この分野の研究が注目を浴び始めたのは、1990年代。リチャード・テデスキー博士とローレンス・カルフーン博士が、今までの世界観を揺るがすような、トラウマとなるほどのつらい経験をし、その後、新たな現実に苦しみ、もがき、病気を発症させながらも、成長できている人々のプロセスをまとめたのがきっかけです。

ところで、何をもって「成長」と言うのでしょうか？　テデスキー博士ら[33]によると、主に5つの成長領域があるといいます。

1つ目は「人間としての強さ」。耐え難い体験をすると、今までの世界観が崩壊し、「自分のいる世界は危険で予測不可能だ」と感じたり、自分の弱さや脆さに嫌気がさしたりします。ただ、その後しばらくして「あれ？　私、苦しみながらも、この最悪な状況を生き抜けている。私は傷つきやすいけれど、実は、思っていたよりもずっと強いのかもしれない」と気づき、自分に対する信頼や自尊感情（自己肯定感）が育まれていくことがあります。こうした成長が、「人間としての強さ」です。

2つ目は、「新たな可能性」です。たとえば、小児がんのため子どもを亡くした親が、その後、がん患児やその家族が直面している困難や悩みを軽減するための支援活動に取り組むことがあります。こうしたことはまさに、「子どもとの死別」という試練や苦しみと向き合うなかで、新たな可能性や進むべき道に気づいたからこそ起きる変化です。

3つ目は、「他者との関係」です。ある非常に過酷なトラウマ経験をし、身も心もズタズタになり、その後ももがき苦しみ続けたとしても、それでも、そんな弱りきった自分を見捨てずにいてくれる家族や友人がいたことで、「自分にとって本当に大切な人は誰か」に気づけることがあります。すると、それを機に、そうした「大切な人」とのつながりや親密さが増します。また、同じような苦悩を経験している人に対して、仲間意識を感じやすくなることもあります。「私は一人ではない。同じような苦難を体験している仲間たちがいる」と感じ、同じ境遇にある人への慈愛の念や思いやりの気持ちが増すという変化もあるのです。

4つ目は、「人生に対する感謝」です。それまでは仕事やお金を最優先にしてきた人でも、重い病に侵され、人生そのものを失うかもしれないという状況においては、仕事やお金よりも、家族の笑顔のほうが価値のあるもののように思えたりします。このように人生の優先順位が変わり、それまで当たり前と思ってきた命や日常に感謝するようになるというのも、成長の1つです。

5つ目は、「スピリチュアルな変容」です。「人生にはつらいことが多い。それに、人は必ず死ぬ。にもかかわらず、なぜ私は生きているのか？」といった人生の目的や意味、根源的で実存的な問いに対する答えが明確になり、魂や神秘的な事柄を理解するようになるというのが、「スピリチュアルな変容」です。

ただ日本人の場合には、言語や宗教的背景などの違いにより、「スピリチュアルな変容」と「人生に対する感謝」は統合されることを示した研究[34]もあります。

2 今感じている苦しみは、永遠に続くわけではないんだよ

私が、「心的外傷後成長」の概念が好きな理由は、世界観が崩壊するほどのつらい出来事のため、PTSD（Post Traumatic Stress Disorder：心的外傷後ストレス障害）という心の病気になり、日常生活もままならなくなっても、さらに人生を好転させられる可能性が示されている点です。

そう。日常生活もままならなくなるほど落ち込んでも、それでもその後、好転させられる可能性があるのです。

単純に考えると、「心的外傷後成長は、トラウマとなる出来事の後に起こるポジティブな変化」「PTSDという心の病気は、トラウマとなる出来事の後に起こるネガティブな変化」

なので、「病気を発症したら、成長が見られにくい」といった負の相関が見られてもおかしくないものです。現に、前項（18頁）で紹介したＳＯＣの場合は、「ＳＯＣが高いと心の病気を発症しにくい」「ＳＯＣが低いと心の病気を発症しやすい」というように、心の病気と負の相関を示しています。

ところが驚くべきことに、心的外傷後成長と心の病気との間にそうした負の相関を認めた論文はほとんどないどころか、多くの論文が「苦悩と成長とは混在している」という結果を示しているのです！　さらには、「状況が破壊的であったり、ストレスの程度が高く、危機と関連した恐怖が強かったりするほど、成長の程度も高い」ことを示した研究も少なくありません。

Dr.エビーナの ワンポイント・コメント

苦悩と成長との関係は、「ある悲劇によって世界観が崩壊し、自分の脆さも顕著になり、ときには病気をも発症させ、それによりさらに苦しさが増しているのだけれど、そうしてもがき苦しむなかで気づくこともある。そして、その気づきが成長につながる可能性を秘めている」といったイメージですね。

シェイクスピア・フィンチ博士らは、心的外傷後成長とＰＴＳＤという心の病気との関係

図1-4　心的外傷後成長とPTSD（心の病気）との関係

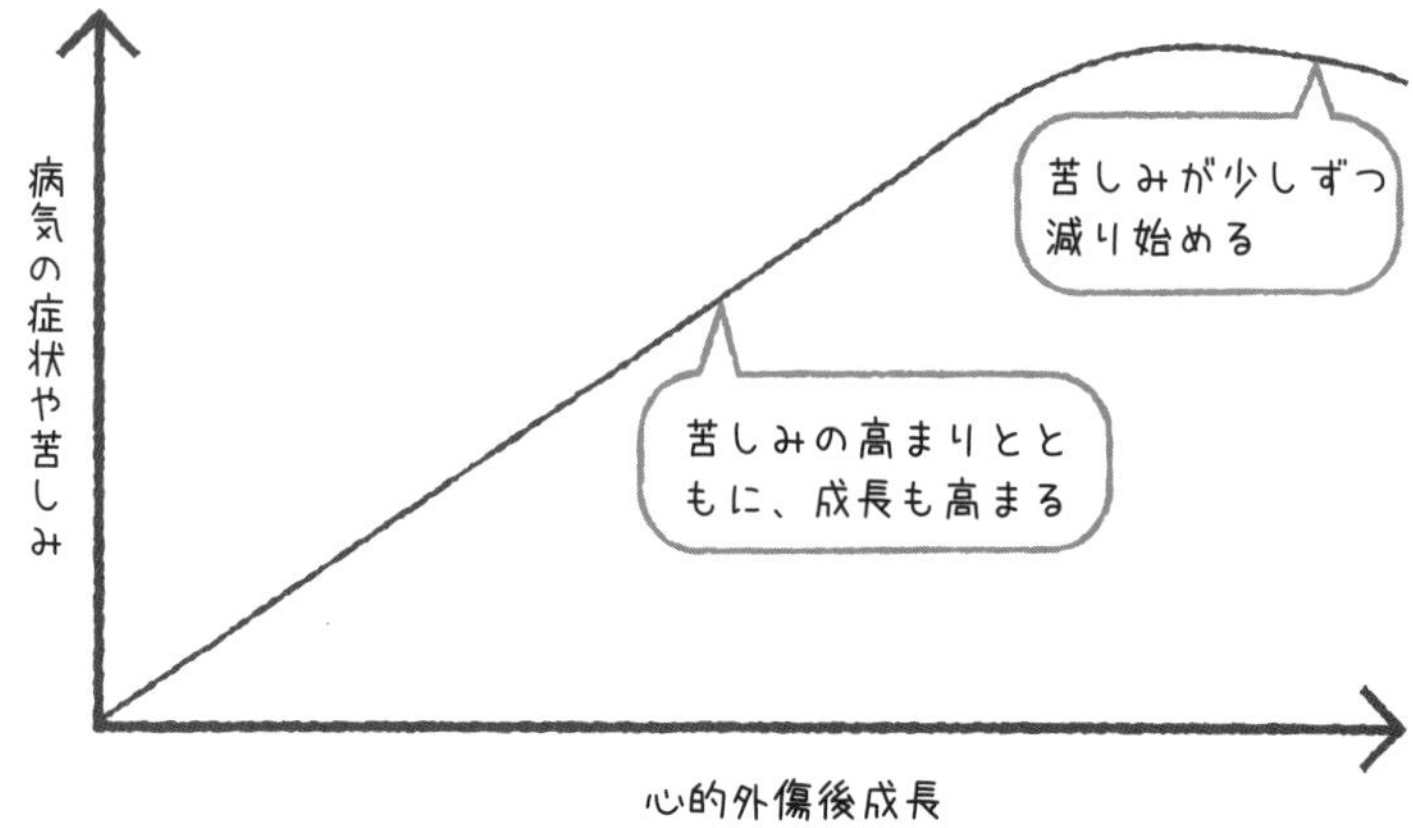

の全体像を把握するために、前述のテデスキー博士らが「心的外傷後成長調査票」を公表した1996年から2011年までの、心的外傷後成長に関連する42の論文（対象者数計1万1469人）を集め、メタ分析をおこないました[35]。

すると、心的外傷後成長と心の病気との間には、正の直線的相関関係、つまり病気の症状が増え、苦しみが増えるに従い、心的外傷後成長も高まるという関係が見られました。さらに、それより強い曲線関係（図1-4）も見られたとのこと。

つまり、最初は病気の症状の高まりに従って、心的外傷後成長も高まるのですが、その症状のひどさが頂点に達すると、苦しみは少しずつ低下するのに成長は高まるようになるという関係が見られたのです。

この研究結果を、私流に簡単なメッセージにすると、次のようになります。

「本当につらい経験をしてしまったから、ＰＴＳＤという心の病気まで発症し、苦しんでいるんだね。でも苦しみを生き抜いていくなかで、結果として成長できたと思えている人は多いし、それに今感じている強い苦しみは、永遠に続くわけではないんだよ。」

どうでしょう？　なんだか希望のもてる結果だと思いませんか？

Dr.エビーナの
ワンポイント・コメント

シェイクスピア・フィンチ博士によると、心的外傷後成長には今までの世界観が崩壊するほどの苦しみが必要だけれども、一方で、ＰＴＳＤによる症状や苦しみがひどすぎると、成長が見られにくいといいます。その人にとって、どこが症状や苦しみのピークかはわかりません。ですから、サポートする人が、ムリに「成長につなげよう」としないことが大切です。

3　成長のプロセス

では、どんなプロセスを経て成長が起こるのでしょうか？

まず、世界観が崩壊するほどのつらい出来事が起こると、「頭の中でそのことを何度も考える」という反芻《はんすう》や認知活動がおこなわれます。たとえば、一緒にいるのが当然だと思っていた子どもを突然の交通事故で亡くした場合、「あのとき、なぜ一人で塾に行かせてしまったのだろう」「自分は何もできなかった」と、考えたくなくても、いろんな思いが頭の中に侵入してきます。そのトラウマに関する恐怖や痛みが、自動的に思い起こされるようになるのです。また、トラウマとなる出来事が起き、前提とする世界観が崩壊したとき、それを現実として、なかなか受け入れられず、現状を理解できるまでに時間がかかります。

しかし、時間が経ち、新しい情報にも触れていくうちに、トラウマに意識的に向き合うようになります。たとえば、自分の無力さと人生の残酷さに苦しんでいたある日、小さな子どもが交通量の激しい車道に出ようとした場面に遭遇したとします。そこで、「車が通っていて危ないから、歩道を通ろうね」と、その子が車道に出るのを防いだら、後で感謝された。するとと、わが子を失ってから、「私はなんて無力なのだろう」と思っていたけれど、「小さなことなら私にもできることがある」と思えた。そうした新たな経験を積み重ねていくうちに、トラウマを避けるのではなく、だんだんと意識的に向き合えるようになっていく。つまり、「わが子のいない生活」という変わり果てた状況を、以前の世界観と一貫した形で統合させ理解しようとする過程で、現実に向き合えるようになるのです（図1-5）。

さらに、「何のために、自分は生き残ったんだろう」と、悲惨な状況に置かれている意味を考えることで、ただ生き残ったことに焦点を当てていた状態から、成長に至る何らかの可能性を認識できるようになることもあります。「わが子の死をムダにしないために、同じよ

図1-5　心的外傷後成長のプロセス

うな犯罪や事故に巻き込まれる子どもを二度と出さないように、まちの安全対策を強化するための活動に取り組まなければ」と思うようになるというのが一例です。こうした反芻や認知活動を通して、破壊された世界観が修復・再建されていくのです。

こうして自分と向き合うプロセスのなかで重要となるのが、自分の思いを語ったときのまわりの反応です。まわりから「どのような反応が返ってくるか」が、苦悩のレベルや反芻の質にかかわるのです。「つらいとき、まわりの人に話すことは、恥ずかしいことではなく、大切なことなんだよ」という風土があり、「無理に自己開示させよう」という社会からの圧力を感じることなく、自分が話したいタイミングで話すことができて、さらに実際に話したときに、まわりが温かく、肯定的に受け止めてくれたら、生産的かつ建設的に自分と向き合うことができ、心的外傷後成長が出現しやすくなります。

しかし逆に、「まわりは当然、自分がどれだけつらいかをわかってくれるだろう」と期待して、勇気を振り絞って自分の胸の内を話したのに、そんな共感がまったく得られず、「夜に子ども一人で塾に行かせた親（あなた）が悪い」「起こってしまったことはどうしようもないのだから、いつまでもメソメソしないで、しっかりしなさい」というような期待外れの反応が返ってくると、自分を責めるなど非生産的で非建設的な反芻が増え、心的外傷後成長を難しくするといった具合です。もちろん、こうしたまわりの反応というのは、その人が生活している社会文化の影響を受けています。

4 心的外傷後成長につながりやすい人の特徴とは？

では、究極のつらい体験の後、心的外傷後成長につながりやすい人とは、どんな人なのでしょうか？

まずは、ある程度、認知力が成熟した年齢の人です。と言うのも、トラウマとなる出来事により失ったものと得たものの両方を、同時に認識できるレベルの認知力がなければ、意図的かつ熟考的に「頭の中で、そのことを何度も考える」という、建設的な反芻作業ができません。このため子どもの場合、年齢は大きくかかわり、同じ思春期であっても年齢が高まるほど成長が見られやすくなることが確認されています[36]。

また、楽観的性格や外向性、素直さや人当たりのよさといった生来の気質。他にも、「自分の価値を信じられる」という自尊感情（自己肯定感）、「ストレスフルな状況をうまく切り抜けられる」と全般的に思える自己有能感、「私には必要な知識やスキルなどがあるから、うまく遂行できる」と思える自己効力感、将来への期待や希望、「何がコントロールできて、何ができないかを正確に予測する力」、経験を活かす態度や忍耐強さも関係します[37・38]。

もちろん、個人を取り巻く環境も大切です。成長に導く対処には、主に、問題の解決によりストレッサーを取り除くことを目的とした「問題焦点型対処」、ストレス反応を和らげることを目的とした「情動焦点型対処」、起こった出来事を「ポジティブに再解釈する方法」

がありますが、そうして自分と向き合うプロセスにおいて重要となるのが、自分の思いを語ったときのまわりの反応です。まわりの反応によって、苦悩のレベルや反芻の質が変わってくるからです。子どもの場合では、家庭や学校あるいは地域のなかに、理解があり、温かく、様子の変化にすぐに気づいてくれるような他者からのサポートがあることが、心的外傷後成長を促すと考えられています。

「養育者がそのトラウマ体験の後、どう反応しているか」「感情が表出でき、問題について話し合うことが積極的に受け入れられ、必要なときにサポートが得られているか」も重要なポイントとなります。トラウマとなるほどのつらい経験の後には、子どもにとって理解することが難しい感情が湧くこともあります。

そうしたときに、まわりの大人がその感情をすべて受け入れるような姿勢で接しているかどうかが、感情を和らげたり、トラウマに対する子どもなりの認識や理解を促したりすることに影響します。逆に、もし子どもの考えや感情の表出を抑えてしまうと、結果として、自分が体験した出来事の意味を探求する力が損なわれることになりかねません。

子どもがつらい出来事の意味を理解し、その出来事に対する反応が適切だったかを判断できるようになるためには、まわりにいる大人からの大きくて温かいサポートが必要なのです。

COLUMN

有名人の生き抜く力③

声を失っても希望を伝え続けるつんく♂[39]

喉頭がんになること。そして、喉頭全摘出により、声を失うこと。

それは、実際にその立場に置かれたことのない人には、想像できないほどの恐怖や衝撃をもたらす出来事でしょう。もし、そうした出来事が、自分の声に誇りをもち、声を何よりも大切にしてきた歌手に起きてしまったら…　それは、「がんになり、声を失う」という苦しみに加え、「自分のすべてをかけて打ち込み、築き上げてきた、歌手としての人生との別れ」というアイデンティティの喪失にかかわる苦悩をも意味するわけですから、どれほどつらいか、想像に難くありません。しかし、それでもなお、「この世の中のいろんな場所に、心癒されるステキな出会いがたくさんあることを癌になって知った。本当、全てに感謝ですね」と述べた歌手がいます。なぜその人は、運命を恨んだり、人生をあきらめたりしてもおかしくないほどの経験をしても、それでも「感謝ですね」と言えたのか？　心的外傷後成長という視点から、考察したいと思います。

今、紹介した歌手は、つんく♂さんです。その艶やかで伸びのある声やカリスマ性で一世を風靡したロックバンド「シャ乱Q」のボーカルとして、あるいは「モーニング娘。」をはじめとするアイドルグループのプロデューサーとして有名ですよね。

そんな多方面で才能を発揮されているつんく♂さんですが、2014年に喉頭がんであることが発覚しました。突然のがん宣告は、まさに、今までの世界観を崩壊させるような出来事と言えます。つんく♂さんも、「まさか。嘘やろ」「まだ45歳やで」「あんなに検診も受けて、健康にも気を遣っていたのに?」と、現実としてすぐには受け入れられず、また「なぜ医者は見つけられなかったのか」「シャ乱Qがブレイクして多忙を極めていた頃、もっと休養をとっていればよかった」「なぜ自分はこんな大事な局面で、自分の感覚よりも医師の判断を信じたのか」「自分にもしものことがあったら…」「なんで俺なんやろう」など、様々な思いが頭をめぐったようです。

しかし、時間が経ち、その間、治療や生活を送っていくなかで、少しずつ心の変化が起きていきます。ニューヨークで「モーニング娘。」のライブに立ち会い、「僕が歌えなくても、僕の言いたいこと、したいことは作品になって世に残る」と感じたり、そのライブの後、長女に声を失うかもしれないことを伝えたら、「私がお父さんの分まで歌うね」と言われたりして、「歌い手として、声との別れは本当に苦しい。でも命の代わりはない。僕の代わりもどこにもいない」「早く元気になって、家族と一緒にずっと過ごしていたい」と、心から思えるようになったのです。

非常に過酷な出来事が起きた直後、人は誰しも、恨み、後悔、自責の念などが自動的に湧いてきて、そうした思いでいっぱいになるもの。それは、つんく♂さんも同じでした。しかし、つんく♂さんの場合は、日々の時間の流れのなかで、「モーニング娘。」のライブへの立ち会いや、娘との会話という新しい情報に触れていくうちに、新たな現実を受け入れ、前に進むための生産的な認知プロセスを経ることができたのです。

なぜ、つんく♂さんは、そうした生産的な認知プロセスを経られたのでしょうか？ それには、高いストレス対処能力や前向きな性格といった、つんく♂さん個人の特性が影響したのはもちろんですが、やはり温かく支えてくれる家族の存在があったからこそ。突然のがん宣告に、「治療法を考えよう」という気持ちがすぐには湧かなかったつんく♂さんに代わり、まずは奥様が、がんについて勉強をしたり、がんの専門医を調べたりするなど、治療方針を考えるためのサポートをしてくれたといいます。また術後、硬く、縫ったばかりの食道に食べ物を通す面倒くささやしんどさ、怖さを感じていたつんく♂さんでしたが、奥様が栄養価の高い、美味しく食べやすい料理をつくってくれたおかげで、食事の時間が少しずつ楽しみになり、それに伴って食べる量も増やすことができました。そしてやっぱり、子どもの存在。子どもの笑顔に勝るものはありません。こうして支えてくれる家族の存在があったからこそ、がんばれたし、またあらためて家族の大切さを実感できたようです。

そして、食道発声法の訓練に行ったこともよかったといいます。その場にいる人は、指導者もみな、喉頭全摘出者。そうした同じ境遇の人が集まる環境に身を置いたからこそ、「自分は一人ではない。同じような苦難を体験している仲間たちと一緒に、諦めずに戦っていこう」と感じられたようです。

さらに、つんく♂さんは、「こんな私だから出来る事。こんな私にしか出来ない事。そんな事を考えながら生きていこうと思います」「僕も今はこうやって本を書いたり、子どもと接する時間が増えたことで、いままで見えなかった世の中の景色が見え始めてきて、すでに作品づくりに反映できている」と述べており、新たな可能性や進むべき道を見つけ、歩み始められていることがうかがえます。

こうした、家族のありがたみをあらためて感じたり、同じ境遇にいる人に仲間意識や慈愛の念を抱いたり、新たな可能性を見つけたりすることは、心的外傷後成長の特徴です。

　がんを発症されるずっと前から、「人生に絶対的に大事なのは感謝」という信念をもたれていたつんく♂さん。今回の経験を通しても、まだなお、「本当、全てに感謝ですね」と言え、さらに「この世の中のいろんな場所に、心癒されるステキな出会いがたくさんあることを癌になって知った」と前向きにとらえられているのは、つんく♂さんがまさに、苦闘されるなかで、目に見えない何か大切なものを得られたからこそでしょう。

4 一目でわかる! 図解「生き抜く力」

ここまでで、「レジリエンス」「Sense of Coherence（SOC）」「心的外傷後成長」という3つの「生き抜く力」を紹介してきました。「なぜ、逆境下をうまく生き抜いていける人がいるのか」、なんとなくご理解いただけましたでしょうか?

ただ「これら3つの概念、同じような感じだけれど、何が共通していて、何が違うの?」と思われた読者もいると思います。

そこで本章の締めくくりとして、これら3つの概念の共通点と相違点をまとめてみましょう（**表1-1**、次頁）。

	心的外傷後成長
	Yes
	「危機的な出来事や困難な経験における精神的なもがき・闘いの結果生ずる、ポジティブな心理的変容の体験」と定義されている通り、逆境がなければ成長もない。今までの世界観が崩壊することがきっかけとなり、悲嘆やトラウマにより成長を経験し、より高いレベルでの適応が達成できる。
	中〜高?
	本概念を解説したカルフーン博士ら[33]は、「ストレス対処能力が低い人はトラウマに対して苦悩等の負の反応しか起こさず、一方でストレス対処能力が高い人はトラウマによる影響を受けにくい(トラウマが自分の世界観を崩壊させるほど困難なものになりにくい)ため成長度合いも小さい。よって、中程度のストレス対処能力が望ましい」というスタンスをとっている。 しかし、心的外傷後成長とPTSD、そしてストレス対処能力として知られるSOCの関係を見た西博士らの研究[40]をはじめとする多くの実証研究では、「SOCが高いと心的外傷後成長が見られる」といった具合に、心的外傷後成長とSOCとの間に正の相関が確認されている。
	つらい体験をした後に、遅れて現れる。
	つらい出来事の後、さらなる成長が見られる。

かれたとしても、うまく適応したり、成長したりしている人がいるのはなぜか」というメカニズムを説明した概念である。

否かの鍵を握っている。

表1-1 3つの「生き抜く力」の相違点と共通点

	レジリエンス	SOC
逆境は必要か?	Yes 「挑戦的あるいは脅威的な状況にもかかわらず、うまく適応するプロセスや能力、結果のこと」「重大な逆境という文脈のなかで、良好な適応をもたらすダイナミックなプロセス」という定義からわかるように、逆境があることは不可欠である。	No 「その人に浸みわたった、ダイナミックではあるが持続する確信の感覚によって表現される世界規模の志向性のことである」という定義には逆境について触れられておらず、SOCを育むには、3つの「良質な経験」を積む必要があると示されている。
適応や成長を遂げるために望ましいとされる「ストレス対処能力の高さ」とは?	高 レジリエンスが高いと、ストレスにうまく対処できる。	高 SOCが高いと、ストレスにうまく対処できる。
いつ現れるか?	つらい出来事が発生した時点から出現し、その人を守る。	感じ方の志向性なので、常にあるもの。
この力が高いと得られるメリットとは?	つらい出来事にうまく適応できる。	つらい出来事にうまく適応できる。
共通点	「逆境が常にネガティブな結果をもたらすわけではない。逆境に置うポジティブな側面に目を向け、健康を維持したり、高めたりする個人の特性とその人を取り巻く環境が、「生き抜く力」を育めるか	

第2章

「生き抜く力」を育むコミュニケーションと環境づくり

第1章では、レジリエンス、Sense of Coherence（SOC）、心的外傷後成長という3つの「生き抜く力」を紹介しました。

深く掘り下げると多少の相違点はあるものの、大きな共通点もありました。それは、「逆境が常にネガティブな結果をもたらすわけではない。逆境下に置かれたとしても、うまく適応したり、成長したりしている人がいるのはなぜか」を説明した概念であるということ。そして、個人の特性とその人を取り巻く環境が、そうした「生き抜く力」を強化できるか否かの鍵を握っていることを示している点です。

こうしたことを踏まえ、本章では、「どのような家庭・学校環境で生活をすると、生き抜く力が育まれやすいのか」「どのようにコミュニケーションをとっていけばいいのか」について解説していきます。

それから、「生き抜く力を育む家庭・学校づくりをどのように実行していけばいいのか」を説明し、簡単にできるトレーニングも紹介していきます。各トレーニングの最後には、トレーニング実施後、期待できることもまとめています。

トレーニングは実行してこそ、意味があります。読むだけでなく、ぜひ行動に移してくださいね！

1　対話
安心を与えモチベーションを引き出す

「どのような環境で生活をすると、生き抜く力が育まれやすいのか」について解説する前に、「生き抜く力」を育む対話の仕方をお伝えしましょう。

「生き抜く力」を説明したどの概念でも、「自分の気持ちをわかってくれる人がいる」「肯定的に受け止めてくれる人がいる」という、「信頼できる人の存在」の重要性が述べられていました。ですからまずは、親や教員であるあなたが、子どもに「この人には安心して心を開いてもいいんだ」と思ってもらえるようになるための対話のスキルを身につけることが重要です。そうして初めて、子どもの「生き抜く力」を育むベースができるのです。

1　言葉が世界をつくる

まず、自分の生活している世界に対する志向性を肯定的にする、日頃のコミュニケーションからお話しましょう。

「生き抜く力」の高い人の特性として、「楽観的」や「前向き」などがよく挙げられますが、そのためには、「自分のまわりの人たちは信頼できる」「人生は素晴らしいものだ」といった、自分の生活している世界に対する肯定的な志向性をもつ（健康生成志向である）ことが不可欠です。また、こうした志向性は、まわりからのサポートを受け、ストレスを感じにくくなるためにも重要なことです。と言うのも、いくらまわりにいる人がサポートしたとしても、他人を信頼するという社会的態度が本人になければ、そうしたストレスの緩衝効果が期待できないことが確認されているからです[1]。

ところで、健康生成志向になるために必要なものは、何だと思いますか？　答えは、肯定的な言葉。なぜなら、人は言葉を使って思考しているため、どのような言葉を用いるかで、物事のとらえ方や考え方が規定されるからです。

これは、１９３０年頃に活躍した言語人類学者のエドワード・サピア博士とベンジャミン・リー・ウォーフ博士の名前をとった「サピア＝ウォーフの仮説」とも呼ばれている考え方で、今では、言語、認知、思考の３つは密接に絡み合っていることが知られています[2]。こうしたことは心理学やコミュニケーション学の領域でも言われていて、「用いる言葉が感情や幸福感に影響する」ことを示した研究も少なくありません[3]。

このことを身近なたとえ話で説明しましょう。あなたは、反抗の激しい生徒の多いクラスの担任です。生徒が問題を起こすたびに、「すぐに問題を起こす、ややこしい生徒たちだ」

という言葉を心の中でつぶやき、家でも家族に同じようなグチをこぼしていました。すると、そうした毎日を過ごすうちに、きっとあなたは生徒たちのことをどんどん嫌いになり、そんな生徒たちと過ごす日常もつまらなく感じるようになってしまうはずです。

一方で、同じ状況であったとしても、「自立しようと成長している生徒たちと一緒に過ごせて幸せ」という言葉をつぶやいていたとします。すると、生徒たちのやんちゃぶりや不器用さに人間臭さを感じて可愛く思えたり、そんな生徒たちと過ごす時間を貴重なものに思えたりするようになっていくでしょう、といった具合です。

つまり、人は否定的な言葉を使っていると、余計に落ち込んだ気分になりますし、肯定的な言葉を使っていると、明るい気分になれるものです。言葉が、気分や感情、物事のとらえ方など、健康にかかわる多くのものに影響を与えているということを忘れずに、日々の生活のなかでは、できるだけ肯定的な表現を心がけましょう。

Dr.エビーナの
ワンポイント・コメント

日本には昔から「言霊（ことだま）」という言葉があり、「よい言葉を発するとよいことが起こり、不吉な言葉を発すると凶事が起こる」と信じられていましたが、言葉が感情や健康に与える影響は、科学的に支持されています。そう考えると、１２５５年以上前に、日本ですでに言葉のパワーについて述べられていたなんて、すごいですね。

2 肯定的な表現は、内発的動機を引き出す

また、「肯定的な表現を用いることで、人をうまく動かせる」ということも確認されています。肯定的な表現は、人のモチベーション、特に内発的動機を刺激し、「重要だから、おもしろそうだから、やろう」という気持ちにさせやすいからです。

今、サラッと、「内発的動機」と書いてしまったので、これについて少し説明しておきましょう。モチベーションを引き出す方法には、外発的動機づけと内発的動機づけの2種類があります(4)。

外発的動機づけとは、自分の外の要因によって動機づけられ、ある行動や態度がとられることです。受験合格や大会優勝のために勉強や運動をしたり、「テストでよい点がとれたらお小遣いの金額を増やしてもらえるから」「やらないと叱られるから」といった賞罰のために行動する、いわゆる「アメとムチ」のために行動したりするのが、これに当たります。

内発的動機づけは、自分の中にある要因によって動機づけられ、ある行動や態度がとられることです。「このことをもっと知りたいから」「うまくできるようになって嬉しいから」「自分で決められて楽しいから」といった内なる欲求のために行動するのが、これに当たります。

これら2種類のモチベーションを比べると、内発的動機づけにより生まれた行動のほうが、外発的動機づけにより生まれた行動に比べ、質が高く、持続することが確認されています。

たとえば、受験のために勉強した場合、受験が終わったらもう勉強をしませんよね。こうした自分の「外」に行動の動機がある場合には、目的を達成したらその行動をとる意味がなくなるので、持続が期待できないのです。

一方で、自分自身があることを探求したくて勉強している、つまり自分の「中」に行動の動機がある場合には、「今までわからなかったことがわかった。謎が解けた! ところで、これはどうなっているんだろう?」というように感じられ、楽しいのでずっと続けられるのです。こうした姿勢が、パフォーマンスの質にも当然影響し、内発的動機づけにより勉強している子どものほうが、成績がよいことが確認されています。そのような持続力もパフォーマンスの質も高い内発的動機を引き出し、「重要だから、おもしろそうだから、やろう」という気持ちにさせるのが、肯定的な表現なのです。

肯定的な表現のもつパワーを、多くの日本人に経験的に教えてくれた一人は、「DJポリス」と言えるでしょう。「DJポリス」とは、2013年6月4日、サッカー日本代表が2014FIFAワールドカップ・アジア予選においてワールドカップ出場を決めた夜、渋谷駅前で大勢のサポーターに、まさに肯定的な表現で交通ルールを守るよう呼びかけた警視庁機動隊員の愛称で、メディアでも大きく報道されたので、ご存知の方も多いのではないでしょうか。

通常、このような場面で警察官は「駅前でたむろしないで早く帰るように」と言ったりするものですが、彼は「怖い顔をしたお巡りさんも、実は日本代表のワールドカップ出場を喜んでいるのです」とサポーターに共感し、「皆さんは12番目の選手。日本代表のようなチームワークでゆっくり進んでください」と、サポーターにとってもらいたい行動を肯定的な表現で伝えました。すると、そのメッセージが彼らに好意的に受け入れられ、その日は一人の逮捕者やケガ人もなく、大きなトラブルも起きなかったといいます。

私たちの日常でも、「DJポリス」のコミュニケーション術は応用できます。教室が騒がしく、静かにしてもらいたいときに、「授業中なのだから静かにしなさい」と否定的に表現するのと、「これから大切な話をしたいので聞いてください」と肯定的に表現するのとでは、きっと生徒の反応が違うはず。私たちも、日頃から、肯定的な表現を心がけたいものです。

人は、言葉を使って思考しています。そのため、どのような言葉を用いるかで、物事のとらえ方や考え方が変わります。だからこそ、「自分のまわりにいる人たちは、信頼できる」「人生って、素晴らしい」といった自分の生活している世界に対する肯定的な志向性を育むためには、子どもも、その子どものまわりにいる大人たちも、肯定的な言葉を使い合うことが重要なのです。

3 話を聞くときの基本

日頃から肯定的な言葉を使い合うことの重要性をご理解いただけたところで、今度は、子どもの元気がないときやいつもと様子が異なるときなどに、どのように対話をすれば、心を開いて話してもらうことができるのかについてお伝えしたいと思います。

多感で繊細になっている子どもに下手な接し方をすると、「この人に話してもムダ」「この人に話したことで余計に傷つくことになった」と後悔させ、かえって心を閉ざさせることになりかねません。そうではなく、「この人は心を開いて、弱音を言ってもいい人だ」と思ってもらいたいものです。そのためには、どう対話をすればいいのでしょうか。

たとえば、あなたの子どもが帰宅したときに元気がないので、「どうしたの？」と聞いてみると、どうやらテストの結果が想像以上に悪かったとのこと。こんなとき、あなたがだったらどう話しますか？　「まぁ、私も中学のとき、数学が苦手だったから、しょうがないね」と慰めますか？　あるいは、「がんばっていたのに、残念だったね」と共感しますか？

話を聞くときにまずしていただきたいのは、子どもの発言に共感し、受け止めること。3つ目の発言のように、「がんばっていたのに、残念だったね」と、自分の気持ちをくみ取りながら話を聞いてもらえると、子どもは「この人は、しっかり自分の話を聞いてくれ、わかろうとしてくれる人だ。この人には弱音を言ってもいいんだ」と思えるため、子どもの心の支えとなることができます。また、このように子どもの気持ちや感じたことをできるだけ正確に映し出すことで、子どもは自分の気持ちを振り返り、頭を整理することができます。

一方で、「大丈夫。次はきっとうまくいくよ」「まぁ、私も数学苦手だったから、しょうがないね」など、こちらから話す行為には、「自分の心に土足で踏み込まれた」と相手の安全感を脅かすリスクがあるということを覚えておきましょう。だから一歩間違うと、「この人は何にもわかっていない。話してもムダ」と思わせてしまいます。

共感し受け止める聞き方にはそうしたリスクは伴わないので、まずは「話す」より「聞く」ことを意識しましょう。

つまり、子どもの感情の表出を促し、子どもの考えや感情をよい・悪いと判断をすることなく受け入れ、子どもが必要とするときに役立つ存在でいることが重要なのです。これは、子どもがトラウマとなるほどの出来事を体験したときのサポートに通じるポイントでもあるので、ぜひ覚えておいてくださいね。

もちろん言葉だけでなく、姿勢も重要。「私はあなたを大切にしていますよ」という姿勢で接しましょう。ポイントは、温かい眼差しをもって、相手の話に関心を示しながらも、こちらが主導権をとってしまわず、相手のペースで話してもらうことにあります。相手に、不快感や嫌悪感を抱かせないために、そして安全感や主体性が守られていると感じてもらうために、こうした温かい姿勢で接するようにしましょう。

4　変化への動機を引き出す動機づけ面接

①動機づけ面接とは

ここまでは、子どもの発言に共感し受け止め、「この人には安心して心が開ける」と思ってもらうにはどうしたらいいのかについて解説してきました。こうした対話をすることで、子どもはあなたに気軽に心の内を打ち明けることができるため、心も落ち着くはずです。

しかしそれだけでは、憂鬱《ゆううつ》な現状は何も変わっていないので、現実に戻ったときにまた落ち込むことになってしまいます。できればここから「自分は変わらないと」「いや、変えていきたい」「そうだ、こうやって変えていこう」と、心の状態をもう一歩進んだ段階へと移行させたいものですが、どうしたらいいのでしょうか。

「内発的動機づけ」を提唱したエドワード・デシ博士によると、人は「自分ならできると感じたい（有能さの欲求）」「自分で決めたい（自律性の欲求）」「安心したい（関係性の欲求）」という3つの内なる心理的欲求によって、変化や成長に向けて突き動かされるといいます（**図2-1**、次頁）。

このため、相手の内発的な動機を引き出すには、相手に「ここで何を話しても安全が脅かされることはないんだ」と感じてもらい、安心して心の内を打ち明けてもらう。対話を通じて「自分が何を求めているのか」に気づいてもらう。そうして、「自分の求めているものを

図2-1　モチベーションのメカニズム

手に入れるために、この行動をとろう」と決意するのをサポートし、「何だかできそうだぞ」という気にさせる。そのようなポイントを押さえた対話が重要だということがわかります。

では、具体的に、どうすればいいのか。そんなときに役立つのが、「動機づけ面接[5]」です。これには、「相手の自律性を尊重し、協働作業で、変化への動機を引き出す」という特徴があります。

「なんとかしないといけないのはわかっているんだけど、やれる自信もないし、やる気も出ない」というように、心の中に対立する感情があるときに、対話を通して、そうした対立に気づかせ、解消させていくなかで、やる気を高めていく方法です。

②チェンジトーク

動機づけ面接には、動機づけるチャンスとなる言葉、「チェンジトーク」に気づき、引き出し、強めるという特徴があります。つまり、「～をしたい」「～しないといけない」など、動機づけとなる言葉を聞き逃さず、相手の口から言わせ、その言葉を強調することで、「自分の意思でこの行動をとるんだ」と思わせ、それにより行動を変化させるのです。「チェンジトーク」を引き出すのが、動機づけ面接の目標となります。

動機づけるチャンスとなる言葉、「チェンジトーク」には5種類あります。

1つ目は、願望です。「成績がよくなりたいなぁ」「嫌なことはきっぱり断れるようになりたい」など、人は願望を口にしているうちにその思いが強まり、「それを叶えるためにこの行動をとろう」という気持ちが湧きやすくなるものです。

2つ目は、能力です。「高校受験もなんとか通ったし」「きっとできると思う」といった、能力や自信、楽観的な見通しについての発言も、行動を変化させるチャンスとなります。こうした言葉を発するうちに、「なんだかできそうだぞ」と、ある行動をとれそうな気持ちが強まり、「やってみようかな」と思いやすくなるからです。

3つ目は、理由です。「国公立に行けたら、学費を払ってもらえる」「悪い仲間と縁が切れたら、普通の学校生活が送れる」というような、変化することでポジティブな結果がもたらされるという理由や利点についての言葉も、モチベーションを高める引き金の1つです。行動を変えるとよい理由を自ら口にすることで、「これだけいいことなんだから、行動に移そう」という気持ちになってくるからです。

4つ目は、必要性です。「このままいくと進学できないかな」「ヤバイな」といった、変化しないことへの心配や懸念も、相手の内なる意欲を引き出すきっかけにできます。あなたと話していくうちに、「行動を変えたら、この心配な気持ちがおさまるんだ」と思えたら、「そのために行動しよう」と思えるからです。

5つ目は、コミットメントです。うまく相手のモチベーションを高めるような話の進め方ができると、最後には「このページに出てくる英単語をまず覚えよう」というように、相手の口から変化への具体的な行動についての発言も聞かれるでしょう。こうした決意となる言葉が聞かれて初めて、行動となっていきます。

このため、これら5種類の言葉を子どもが発したときに、それを聞き逃さないようにしましょう。そしてもし、あなたが相手の口から発せられる「チェンジトーク」を増やすことができたら、「この行動をとるぞ」「これは自分の意思で決めたんだ」という思いを強くさせることができるのです。

③動機づけ面接の４つの基本スキル

では、そうした「チェンジトーク」を引き出したり、強調したりして、相手をやる気にしていくためには、どのように対話をしていけばいいのでしょうか?　「動機づけ面接」にはOARSという4つの基本スキルがあります。OARSとは、O（Open questions：開かれた質問）、A（Affirmation：是認）、R（Reflective listening：振り返りの傾聴）、S（Summarize：要約）の頭文字をとったものです（**図2-2**、77頁）。

ここでは、以前は楽しそうに勉強に取り組んでいたのに、最近そうしたやる気を失っている子どもと対話するというシチュエーションで、それぞれのスキルを用いた話し方を説明していきましょう。

まずは、開かれた質問（O）。これは、「はい」「いいえ」以外の、自由な答え方ができる質問をする聞き方です。「元気がないようだけど、どうしたの？」「そのとき、どう感じた？」というように、いろいろな答え方ができる質問がこれに当たります。「勉強、難しい？」のような、「はい」「いいえ」で答える二者択一的な質問であれば相手は受け身になりますが、開かれた質問をすることで、子どもは子どもの視点で、子ども自身の言葉で語ることになります。つまり、より能動的で、主体的な反応を引き出すことができるわけです。また、質問する側の視点に縛られずに、子どもがもっている豊かな情報が得られます。

2つ目が、是認（A）。これは、過去の成功や将来の希望、現在の努力、人間性などを認め、強化する内容です。「以前は、難しい問題でも楽しそうに解いていたね」というように、相手を認めながら聞き返して確認していくのが、これに当たります。私たちは、自分を認めてくれる人を好きになり、「かかわりたい」「話したい」と思うもの。だから相手を認めることで、対話が容易になります。また、肯定されることで相手は安心し、自信や力が湧いてきます。

3つ目が、振り返りの傾聴（R）。これは、相手の言葉を繰り返したり、相手の意味するところを強めたり、別の視点から言い換えたり、気持ちを推測して言ったりというように、相手の話を鏡に映し出すように聞く方法です。子どもが「勉強、おもしろくないし」と言った場合、「勉強、おもしろくないんだ？」とそのまま繰り返したり、「スランプに陥っているということはない？」と子どもの気持ちを推測して言ったりするのは、これに当たります。

4つ目が、要約（S）。これは、それまでの相手の発言のなかから言葉を選び、要約して

図2-2　動機づけ面接の４つの基本スキル

聞き返すという方法です。「前は純粋に、新しいことがわかるようになるのが嬉しかったけど、Aさんがあなたよりよい成績をとるようになってから、Aさんの成績が気になって、勉強に集中できなくなったんだね」といった具合です。このような要約をおこなうと、こちらが理解した内容をより正確に共有できるだけでなく、状況を整理し、冷静に見つめ直す助けとなれます。また相手の気持ちをくみ取りながら要約することで、「わかってもらえた」と感じさせられるため、傷ついた心を癒すことができます。

このように話を進めることで、「チェンジトーク」が自然と引き出され、「この行動をとるぞ」「自分で今後とっていく行動を決めた」と思わせることができるでしょう。つまり、自分の中から意欲を湧かせることができるのです。

また、このように相手を否定せず、受け止めながら話を進めることで、「この人は、しっかり自分の話を聞いてくれ、わかろうとしてくれる人だ。この人には弱音を言ってもいいんだ」と、子どもを安心させることができるため、子どもの心の支えとなることができます。

Try 対話力をつけるトレーニング

まず、あなたが日々、使っている言葉を振り返ってみましょう。「ダメ」「ムリ」など、否定系の言葉が多いようであれば、肯定的に言い換えるようにしましょう。

子どもの話を聞くときは、共感し、受け止めましょう。その際、言葉だけでなく、「私はあなたを大切にしていますよ」という姿勢で接することも重要です。温かい眼差しをもって、相手の話に関心を示しながらも、こちらが主導権をとってしまわず、相手のペースで話してもらいましょう。

O（Open questions：開かれた質問）、A（Affirmation：是認）、R（Reflective listening：振り返りの傾聴）、S（Summarize：要約）の頭文字をとったOARSの4つの基本スキルを用いて、子どもの「チェンジトーク」を引き出しましょう。

《本トレーニング実施後、期待できること》

・子どもの生活している世界に対する肯定的な志向性を育める。
・自分の伝えたいメッセージが、子どもに好意的に受け入れられやすくなる。
・「主体性が守られている」と感じられるため、子どもが安心できる。
・子どものモチベーション、特に内発的動機が引き出せる。

COLUMN

進学すると、モチベーションが下がる？

幼児を思い浮かべてください。

今、「もっと知りたい」という、心の奥底から湧き上がる好奇心やモチベーションをもって、いろいろな行動をしている姿を思い浮かべられたのではないでしょうか？

しかし、そんな幼児が成長し、進学して小学校、中学校、高校と学年を重ねていくうちに、モチベーションが下がっていくようだ。そのように感じませんか？

もし、そうした感覚をもたれているのであれば、あなたは鋭いですね。実は、多くの研究がこのことを証明しているのです。国内の調査でも「小学生のほうが、中学生よりも内発的動機づけの得点が高い」という結果が得られ、「小学校から中学校に移行する段階において、勉強を自律的におこなうという意欲が低下する」ことが確認されています(6)。

なぜ進学後、モチベーションは徐々に下がっていくのでしょうか？

その理由は、外発的動機づけのために勉強する機会が増えるからかもしれません。幼児・児童期の頃は、楽しく、自律的に学んでいても、学年が上がるにつれ、定期テストや受験などの外発的動機づけのために勉強する機会が増えます。しかし、多くの研究で、評価や競争、締切日の設定、目標の押し付け、監視といった外発的な刺激を与えられると、もともとあった意欲（内発的動機）が下がってしまうことが確認されているのです！

また、テストでよい点をとったときに、お小遣いをアップさせ、「素晴らしい！　この調子でこれからもがんばって」と褒める親御さんも多いと思いますが、実は、こうした行動もＮＧです。幼児から大学生まで年齢問わず、最初は楽しんでおこなっていたことに賞状やお金などの有形のご褒美を与えられるようになると、内発的動機が失われるとのこと。

さらに、「褒める」などの言葉のご褒美では、「素晴らしい！　これからもこの調子でがんばって」といった、今後もよいパフォーマンスをとり続けるべきだと、暗にプレッシャーを与えるようなコントロール要素のある言葉も、意欲を下げることが確認されています。(7)

ご褒美でも、評価でも、外発的動機づけ要因によって一時的にはモチベーションが高まったかのような行動をとらせることができます。しかし、そうしたご褒美や評価がなくなると取り組まなくなるなど、もともともっていた内発的動機を失わせ、さらに一度失った意欲はなかなか高まりにくいことが確認されているのです。

では、どうすればいいのでしょうか。心の奥底から湧き上がる好奇心やモチベーションを進学によって失わせないためには、テストや受験を学校システムから追放すればいいのでしょうか。

いいや、そこまで大きな変革をしなくても大丈夫。情報を与えるだけでなく、自分で考える力、問題解決能力、想像力や創造力、理解力、適応力を養うことを意識し、子どもの自律性や主体性を大切にする教育をしたらいいのです。

たとえば、日本と比べて公立学校の標準授業時間数は少ないのに、子どもの学力も大人の一人当たりの労働生産性も高いフィンランドでは、問題意識をもって勉強に取り組むような教育がなされています。試験も、日本でよくある穴埋め式や選択式ではなく、基本的に論述式。歴史であれば「フランス革命について述べよ」といった問いで、解答には年号だけでなく、革命が起きた背景や「実際に誰が、何をして、どうなったのか」などの幅広い知識と論旨の流れが求められるといいます[8]。物事の本質をとことん考えさせることで、内発的動機を引き出していることがうかがえます。

こうした内発的動機を引き出す教育の重要さを、私も身をもって実感しています。実は、私は、アメリカの大学に留学をするまでは、勉強嫌いで成績も決してよいとは言えない子どもでした。ところが、アメリカの授業のなかで、調べ、考え、自分の意見を発表し、肯定的にフィードバックしてもらえる、まさに知的好奇心を刺激するような機会をたくさん与えられて、学ぶことの楽しさを知りました。幼少期以来、眠っていた知的好奇心が目覚めてからは、仕事に関係がなくても休日に論文を読む大人になりました。「生き抜く力とは何か」「モチベーションはいかに引き出せるのか」「自信はどんなメカニズムになっているのか」といったことについて解明できることが楽しくて仕方がないから、研究を続けているのです。

一つひとつ紐解いていくと、学問はおもしろいものです。そのおもしろさを教える。それこそが教育ではないかと思うのですが、あなたは、どう思いますか？

2 自尊感情
自分の絶対的価値を信じられるようになる

ここまでは、子どもとうまく対話するための基本スキルについて学んできました。ここからは、いよいよ「どのような環境で生活をすると、生き抜く力が育まれやすいのか」「そうした環境をつくるために、私たちは何をしたらいいのか」という内容に入っていきます。

第1章で紹介したどの概念でも、「自分には価値がある」「自分ならできる」「うまく人に頼れる」と思えることの重要性が述べられていました（表2-1、次頁）。このように思えることを、一般的には「自信がある」と言います。

表2-1をご覧いただくとわかるように、「生き抜く力」を説明したどの概念にも、自信に関連する用語は出てきていて、まさに「生き抜く力」の核となるポジションにあると言えます。逆境のなかでもあきらめずに乗り越えようとしたり、失敗しても努力し続けられたり、自分の力ではどうしようもない場合にはうまく人に頼り、助けてもらったりできるのはすべて、自信があるからこそできることだからです。

第1章で紹介したレジリエンス研究の第一人者の一人である、エミー・ワーナー博士らも、

表2-1　3つの「生き抜く力」概念における自信関連用語の整理

	レジリエンス	SOC	心的外傷後成長
「自分には価値がある」と思える	自尊感情	やるぞ感（有意味感）	有意味性 自尊感情
「自分ならできる」と思える	自己効力感	できる感（処理可能感）	自己有能感 自己効力感※
「うまく人に頼れる」と思える	アサーション	できる感（処理可能感）	自己開示

自己効力感は、「私には必要な知識やスキルなどがあるから、うまく遂行できる」という自分に対する確信。
できる感（処理可能感）は、そうした個人の中にある資源（知識やスキルなど）の他に「親や先生、友達はきっと助けてくれるだろうから、うまく遂行できる」というまわりへの信頼も含まれているのが特徴。

自己有能感とは、自分の能力を用いて環境に働きかけ適応や変化を生み出そうとし、それができたときに「私、なかなかやるじゃない」と感じる喜びや満足感のこと。この感覚は、さらに自分の有能さを追求しようとする意欲につながる。

アサーションが自分も他人も尊重しながらうまく自己主張できることなのに対し、自己開示は自分の感情や意見などを伝えられること。このため目的や意味は少し異なるが、そうやって伝えた結果、きちんと受け止められたら、「うまく人に頼れる」という気持ちが高まる。

※自己効力感を発見したバンデューラ博士は、自己有能感が「あいまいで予測しがたい、ストレスフルな状況をうまく切り抜けるために、認知、社会、行動面におけるスキルを用いることができる」といった生産的な能力を示しているのに対し、自己効力感はそうした能力の判断内容であると解説している(9)。

「本研究において抽出されたレジリエントな人々の人生の中心的な要素は、困難は乗り越えられるという自信であった」と述べています[10]。

「生き抜く力」の核とも言える「自信」ですが、自信とは一体、何なのでしょうか。そして、自信を育む環境をつくるために、私たちは何をしたらいいのでしょうか。

1 自信とは

簡単に言うと、自信は、自己評価、行動、自己主張の3つから成り立っています[11]（図2-3、次頁）。「肯定的に自己評価できること」「うまく行動できること」「うまく自己主張できること」の3つは、互いに連動していて、どれかができるようになれば他もできるようになり、総体的に自信がもてるというメカニズムになっているのです。では今から、もう少し詳しく説明していきましょう。

まず、「肯定的に自己評価できること」は、よく使用される言葉では「自尊感情や自己肯定感（self-esteem）」と言い換えられます。自尊感情とは、「自分のことをどう見るか」という自分自身の価値についての主観的で感情的な評価のことです。「私はある物事をうまくこなすことができる」といった能力的な側面だけでなく、「自分が好き」「自分が自分であることを嬉しく思える」「ありのままの自分を受け入れられる」といった能力に関係しない考え

図2-3　自信のピラミッド

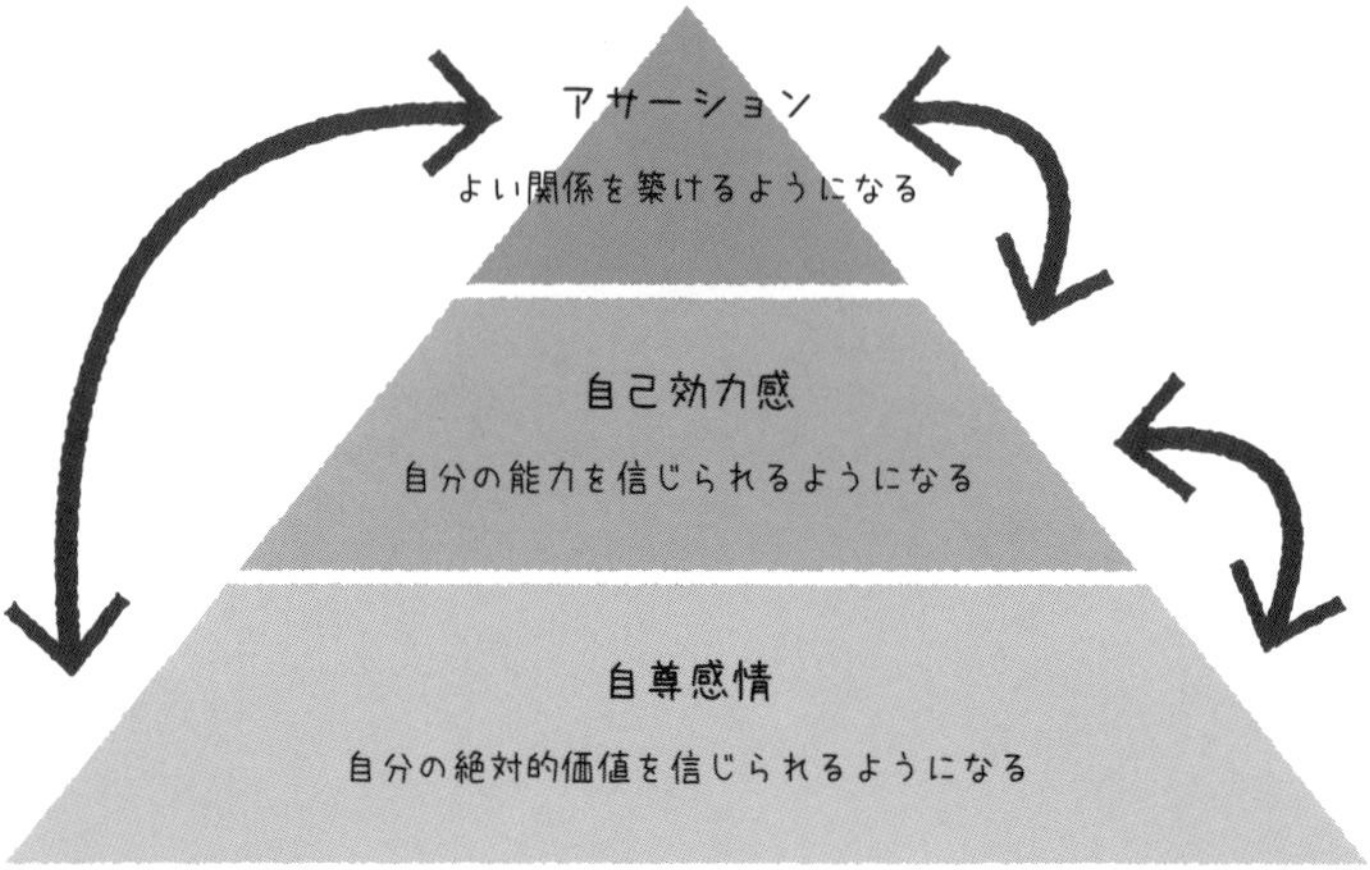
アサーション
よい関係を築けるようになる
自己効力感
自分の能力を信じられるようになる
自尊感情
自分の絶対的価値を信じられるようになる

(文献11より。筆者により一部改変)

も含まれているのが特徴です。

自尊感情が高い人は、勉強や運動ができる、できないにかかわらず、自分の価値に気づくことができます。ある人と比べて「あの人より自分は有能だ、幸せだ、美しい、だから価値がある」などと相対的に価値を感じるのではなく、「自分は、長所も短所もあるこの自分だからよい」という絶対的な価値を感じられると、人生の難しい局面でも、自分の存在価値を信じることができます。

ありのままの自分を肯定できると、どんなときでも自分に対して自信がもてるのです。

2つ目の「うまく行動できる」ためには、「私には必要な知識やスキルなどがあるから、うまく遂行できる」という自分の能力に対する確信が不可欠です。こうした確信のことを、専門用語では「自己効力感（self-efficacy）」と言います。「このテストでよい点数をとる自信がある」というように、普段私たちが使っている「自信」は、こうした能力に対する自信、「自己効力感」のことを指すことが多いかもしれません。

「自分ならできる」という自信がある（つまり、自己効力感が高い）と、気後れすることなく自分の実力を発揮することができるため、よいパフォーマンスにつながります。すると、ますます自信をもてるようになるわけです。

３つ目の「うまく自己主張できる」ですが、自分の気持ちをうまく伝えられ、それがきちんと受け入れられるという経験を積むうちに、「困ったときには人に助けを求めたらいい」「自分が頼ったら相手はきっと助けてくれるだろう」「自分の意見が常に通るわけではないけれど、少なくとも尊重される」と思えるようになります。

このような、自分も他人も尊重しながらうまく自己主張できることを、専門用語では「アサーション」と言います。このアサーションができるようになると、自分の意見が受け入れられやすくなるため、主に他人に対して自信がもてるようになります。

思春期以降の人にとって、家族以外の他人から承認され、受け入れられることは、自信をつけるのに不可欠だとも言われているので[12]、アサーションのスキルを身につけることは重要です。

では今から、最初の、自分の絶対的価値を信じられるようになるために不可欠な、自尊感情の高め方をお伝えしましょう。

2 褒めたからといって、自尊感情（自己肯定感）が高まるわけではない

もう一度おさらいをしますが、自尊感情とは、「自分のことをどう見るか」という自分の価値についての主観的で感情的な評価のことです。

ドイツの社会心理学者エーリッヒ・フロム博士は、「尊敬とは、人間の姿をありのままに見て、その人が唯一無二の存在であることを知る能力のこと」(13)と述べていますが、まさに自分を尊敬する心が自尊感情だと言えます。「長所も短所もある、ありのままの自分を受け入れられる」といった、能力に関係しない考えも含まれているのが特徴です。

ところで、自尊感情を育むために、「子どもを褒めましょう」と言う人がいますが、その主張は科学的に見て正しいものなのでしょうか。

確かに、褒めるというのは、その子どものよいところに気づき、指摘する行為なので、自分に対するとらえ方や考え方が肯定的になることもあります。しかし、ただ褒めたらいいというわけでもないことが、最近の研究でわかってきているので紹介しましょう。

たとえば、あなたの子どもが先日の試験で、クラスで一番よい成績をとったとします。

「これは自尊感情を高めるチャンスだ！」とばかりに、「クラスで一番なんてスゴイね」「勉強ができてエライね」などと褒めたら、どうなると思いますか？

実は、このように「現在の能力や状態」を褒められた子どもは、難しい問題を前にしたときにあきらめやすくなることが、スタンフォード大学のキャロル・ドウェック博士の研究(14)によって確認されています。「頭がいい」などと「現在の能力や状態」を褒められた子どもは、「有能であるはずの現在の能力」を用いて問題を解決できないという状況に置かれたときに、「惨めだ」「最悪だ」と感じるといいます。

そんな子どもが次に何をするか？　ドウェック博士が実際に子どもたちに尋ねたところ、テストで１回失敗したら「次は多分カンニングする」「自分より成績の悪い人を見つけてホッとしようとする」と答えていたのです。次に失敗しないように勉強に励むのではなく、「これ以上、傷つかないように」と、難しい問題を避ける傾向にあったのです。これは、知能を自己評価の対象とみなしているので、「テストで悪い点数をとった」という現在の失敗状態にとらわれ、打開策を検討しようという気が削がれてしまうためだと考えられます。

実際に、失敗したときの脳の状態を調べてみると、このように現在の失敗状態にとらわれている子どもたちの脳は、ほとんど活動していませんでした。この結果は、その子どもたちが間違いから目を背け、打開策を考えようとしていないことの証と言えるでしょう。

他方で、失敗してもチャレンジし続ける子どもたちももちろんいて、そうした子どもたちの脳を調べてみると、しっかりと活動していたといいます。間違いを処理し、そこから学び、打開策を練るために、脳が活動していたのです。

つまり、「クラスで一番なんてスゴイね」といって「現在の能力や状態」を褒めていると、「今、よい成績をとることがすべて」「今、褒められることがすべて」という子どもを育ててしまうのです。そして、このように「短期的な承認欲求を満たせたらそれでいい」と考えるようになると、失敗をしたときに絶望的に感じ、その失敗を隠そうとしたり、自分よりダメな人を探してホッとしようとしたりして、「失敗から学ぼう」「まだ、これから成功できる」と思いにくくなるのです。

また、「よい成績をとることがすべて」という子どもが、よい成績がとれなくなると、「頭の悪い自分」に価値を見出せなくなります。すると、自尊感情も当然、低下してしまうのです。

重要なことなので、なぜ、このようなことが起こるのかについて、もう少し詳しく説明しましょう。自己啓発の源流「アドラー心理学」として有名な個人心理学の生みの親、アルフレッド・アドラー博士は、「褒めるという行為は、子どもを自分の支配下に置く行為。だから、自立を妨げることになる」と、そのメカニズムを解説しています。

褒められて人がその行動をとるようになるのは、「褒められたいから」が理由であり、必ずしも「自分がもっと学びたいから」という内発的動機のために、その行動をとるわけではありません。「勉強ができてエライね」などと、褒めて言うことを聞かせる「縦の関係性」は、子どもの「このことをもっと知りたいから勉強しよう」という好奇心や自発性を妨げることになりかねないのです。

また、「クラスで成績が一番になっただなんて、スゴイね」などと、他人と比べ、その違いを強調する褒め方をすると、競争心理を生み、「他人は敵」と見るようになってしまいます。テスト前、クラスメイトに「全然、勉強していない」などと言って油断をさせておいて、自分が一番いい成績をとろうとする（勉強ではなく、ライバルを出し抜くことに労力を割く）のは、その一例です。

さらに、このように他人と比べるような褒め方をされていると、「クラスメイトより勉強のできる自分はスゴイ」というように、相対的に自分の価値を測るようになります。すると、クラスメイトより悪い成績をとったときに、「自分はダメで無能な人間だ」などと自分の価値が感じられなくなります。「私は私だからよい」と、自分に対して絶対的な価値を感じられなくなるのです。

勉強、運動、そして何より「生き抜く」という場面で大切なことは、あきらめてしまわず、自分を信じ続けることです。失敗しても自信を失わず、難しい問題を前にしてもあきらめずにチャレンジし続けられるようになるために必要なのは、「今の努力が、よりよい将来や自分の成長につながっている」と感じられること。「チャレンジするのが好き」「わかることが増えたらいいなと願っていた」という子どもの内発的動機を失わせず、不屈の精神を育むような接し方をしていきましょう。

3 不屈の精神を育むコミュニケーション

ではどう接したら、失敗してもあきらめない、不屈の精神を育むことができるのでしょうか？　ポイントは、「現在の能力」を褒めるのではなく、「将来、さらなる能力が得られる確信」をもたせることにあります（図2-4）。

普段から「毎日、休まずにがんばっているね」と、努力を認める。「ノートの使い方を工夫しているんだね」と、子どもが自主的に取り組み方を工夫していることを認める。他にも、集中力や忍耐力を認める。

このように、日常生活のなかで、子どもの努力を認めたうえで、成果が出たら、「ほんとうによかったね！　これで、また一歩、目標に近づけたね」「普段がんばっているから、いいことがあるんだよ」というように、喜びを共感しながら、「あきらめないで努力し続けることで、将来、得られる能力や状態」を指摘するのです。

また、一定期間努力しても結果が出ていない場合も、同様です。失敗が続いているからと

図2-4　不屈の精神を育むコミュニケーション

いって「（親の）私も頭が悪いから仕方がない」「（親の）私も数学は苦手だったからあなたもできなかったんだね」などと、安易な慰め方をしてはダメです。

そうではなく、「今の状態は最終結果ではなく、あくまで長い人生のプロセスの途中段階」「まだ達成できていないだけ」という姿勢で接しましょう。このような姿勢で接することで、成功や失敗といった今の状態に左右されない、不屈の精神が育まれます。

つまり、「成果にかかわらず、この努力には意味があるんだ」「失敗したからといって、私がダメな人間になるわけではない。私には価値があるんだ」と感じられ、やるぞ感（24頁参照）が高まるため、あきらめてしまいにくくなるのです。

こうした「まだ達成できていないだけ」という態度は、子どもとのコミュニケーションだけでなく、学校の仕組みにも取り入れることができます。ドウェック博士によると、アメリカのシカゴにある某高校では、卒業試験に合格できなかった生徒に、ユニークな伝え方をしているそうです。何と伝えていると思いますか?

普通だったら「不合格」と伝えますよね。しかし、この学校では「Not yet（まだ合格ではない）」と伝えるそうです。「不合格」と伝えられると、全否定されたように感じられるのに対し、「まだ」と伝えられると、学習プロセスのなかにいると感じられ、「いつかは!」と希望がもてますよね。ステキな表現だと思いませんか?

4 エリートでも打たれ強い人と打たれ弱い人がいるのは、なぜ?

ところで、こうした不屈の精神と頭がいいこととは、関係しているのでしょうか?

単純に想像すると、頭がいいと、テストなどでよい成績をとりやすいため自信もつきやすく、さらに、自信があるから、次に難しい問題が起きたときに「自分なら乗り越えられる」と思いやすく、あきらめずに不屈の精神でチャレンジできそうなものです。

しかし興味深いことに、そうではないのです! 実は「不屈の精神と知性とは関係がない」(15・16)ことが確認されています。さらに「教育困難な地域で働く新人教師のなかで、どの教師が辞めてしまわずに、生徒の学習効果を上げることができるか」「販売員では、誰が仕事を続け、一番お金を稼ぐか」「大学生では、誰がよい成績をとるか」「どの陸軍士官候補生が訓練に残り、誰が中退するか」「どの子どもがスペルコンテストで優勝するか」など、成人や大学生、陸軍士官学校の士官候補生、アメリカ最大のスペルコンテストの7歳から15歳までの参加者といった様々な対象で調査をしたところ、実はこうした様々な種類の成功に関係するのも、知性ではなく、不屈の精神だったことが明らかになったのです。

レジリエンスの説明をした際にも、「エリートは困難をうまく乗り越えられる」という説と、「エリートは打たれ弱い」という説の両方があることをお伝えしました（9頁参照）。同じように、優秀なエリートでもこうした違いがあるのは、なぜでしょう?

ここまで読まれてきた方なら、もうおわかりですよね? この違いには、「何かを達成したときのまわりの反応」が関係しているのです。よい成績がとれたときに、「よかったね」とその嬉しさが共感されたうえで、「つらくてもよくがんばっていたものね」「あきらめなかったものね」と努力や忍耐力が認められ、「普段がんばっているから、いいことがあるんだよ」と、努力はよりよい将来や自分の成長につながっていると実感できた子どもは、粘り強く努力し続けることの意味や重要性を理解できるようになります。すると、逆境にさらされても、あきらめずになんとか乗り越えようとします。

一方で、「成績がトップなんてスゴイじゃない」「さすが」などと、「現在の能力や状態」

に焦点を当てて褒められてきた子どもは、「有能であるはずの現在の能力」を用いてうまく逆境を乗り越えられない状況に置かれたときに打ちのめされます。「有能でない自分」にもはや価値を感じることもできず、これ以上傷つきたくないからその問題から逃げようとし、その困難を乗り越える気力すら失ってしまうのです。

5 人生をあきらめていた子どもたちをやる気にさせた言葉

ところで、努力しても結果が出ないときに、あきらめず、前に進むには、「つらいけど、これは私にとって挑戦だ。よしっ、やるぞ」と思えることが大切ですが、どうしたらそう思えるのでしょうか？　前述のドウェック博士は「脳の仕組みを伝えること」をオススメしています。

何か新しいことや難しいことを学習しようとするとき、脳は慣れ親しんだ「快適ゾーン」を押しのけるのですが、そうやって押しのけるたびに脳内の「ニューロン」という神経細胞が新しい結合を作ります。ニューロンが新しい結合を作り出し、その結合が強くなると、賢くなれます。つまり、努力し、つらく感じる時間は、ニューロンが新しい強い結合を生み出している時間であり、より賢く、成長できる時間なのです。

このようなことを、ネイティブ・アメリカンやハーレムの貧困地区の子どもたちなど、祖父母の代から社会的地位が低く、経済状況も悪くて、人生をあきらめ、勉強をする気にもならないといった状況にいる子どもたちに伝えたところ、子どもたちの成績が劇的に上がったといいます。

なぜか？　それは、この言葉によって、「困難や努力の意味」が肯定的に変わり、将来へのモチベーションが高まったからでしょう。子どもたちにとって、困難な課題や努力といったものは、それまで「自分はバカだ」と思わせたり、「努力したけど、やっぱりできなかった」とあきらめを決定づけたりするものでした。

ところが、このような脳の仕組みを伝えることで、困難な課題を解いたり努力したりする時間が、賢く成長できる時間、まさに将来への希望をもたらしてくれるものとなったのです。

努力しても結果が出ないときに、あきらめず前に進むには、「つらくても、これは私にとって何らかの意味のあることなんだ」と思えることが重要です。ドウェック博士のように脳の仕組みを話してもいいですし、あなたの実体験から「私も高校生のときはたくさんのつらい体験をしてきたけれど、でもだからこそ、教員になろうと思えた。教員になれたからこそ、お父さんと出逢え、あなたを生むこともできた。最高に幸せな今、あのつらい経験もムダではなかったんだなぁと実感している」などと、腹を割って話をするのもステキです。

6 脚光を浴びた後、陥りやすい傾向とその対策

今度は、成功をおさめた後に、自信をなくす場合のサポートの仕方を考えましょう。ある事柄でトップになり、「天才」として脚光を浴びたのに、その後、それ以上の活躍が見られない子どもをどうサポートしたらいいのかについてです。

芸術やスポーツなど、創造的な場面で、独自性の高い素晴らしい活躍が見られた人は、「天才」と称えられます。そうして賞賛され、生涯を通じて素晴らしいものを創造し続けられたらいいのですが、残念ながら、どれだけ努力しても過去以上にはなれない場合が多いのではないでしょうか。年齢が若い段階で「天才」と賞賛され、その後も努力しているのに結果が出せないと、自分が無価値な人間のように感じられ、残りの長い人生を苦しむようになることも少なくありません。これも、「現在の能力や状態」を多くの人々に褒められたからこそ生まれる悲劇とも言えますが、もし自分の子どもがこのような経験をしていたら、どうしたらいいでしょう?

こうした場合も、子どもが自己理解を深め、その経験の意味を探求するのをサポートすることが重要になります。

少し漠然としているので、ここで、著書がベストセラーになり、『食べて、祈って、恋をして』という映画にもなって脚光を浴びたエリザベス・ギルバート氏の事例を紹介しましょ

う。[17] ギルバート氏は「前作を超える本を書かなければ。でも、もうあれ以上の作品はできないのではないか」と不安にさいなまれ、「心の健康を守るために、何かよい考え方を身につけなければ」と様々な文献を調べました。そしてある日、古代ローマ時代には、個人を追いつめないような考え方がなされていたことを発見しました。

現代社会では、「あの人は天才だ」というように、才能が人の中から来るもののように言われている。だから、努力しても結果が出せないと、すべて自分に責任がかかり、「自分は無能だ」と感じてしまう。しかし、古代ローマ時代は「天才」というのは神のようなもので、それが人に降りてくる、と言われていた。「天才」が降りてくれているとき、素晴らしいものが創造できる。だから、悪い出来ばえだったとしても、その理由は「天才」が降りてきてくれなかったことにあるので、自分を全否定することにもならなかった。

要約すると、ギルバート氏はこのようなことを発見し、腑に落ち、心がラクになったといいます。確かに「自分が天才なわけではない。天から才能が降ってくることが天才なんだ」「前回は天才が降ってきてくれたからあれだけ素晴らしい結果が出せたけど、次、いつ結果が出せるかは、天才次第」と、「結果」と「自分の存在価値」との距離を置いて考えると、ラクになれますよね。「結果」と「自分の存在価値」とが同一するものでなければ、過去以上の結果が出せないからといって、「自分は無能だ。もう価値がないんだ」と思わずにも済みます。

結果に一喜一憂しないためには、自分を過大評価も、過小評価もしないことが重要です。「努力しているから、脳は成長している。苦しいのは、脳が快適ゾーンを押しのけているからだ」「天才的な結果が出ていないのは、天才がまだ降りてきてくれていないからだ」と、現状をありのままに受け止め、自分なりの意味が見出せたら、人はあきらめてしまいにくくなります。目に見える結果に左右されず、ありのままの自分を肯定的に受け止められ、気負わず努力し続けられるのです。

だからもし、あなたの子どもが昔は期待されていたのに、最近それ以上の活躍が見られず、苦しんでいるようであれば、まず共感をしながら話を聞き、動機づけ面接のスキルを用いながら相手の意欲を引き出すような対話を心がけましょう。「毎日、どんな天候でも練習しているね」と努力を認めたり、「がんばっているのに成果が出ないから苦しいんだね」と共感したり、「天才って何なんだろうね。古代ローマ人は天才を個人の才能ではなく、天から降ってくるものと考えていたみたいなんだけど、どう思う?」と、開かれた質問で子どもの意見を聞いたり、「もう十分がんばったと思っているんだね」と振り返りの傾聴をしたりするのです。

こうして話していくうちに、つらい現状を乗り越える意味が見出せ、意欲が湧いてくることもあります。「つらい現状を乗り越える意味」と言うと、つらくてもあきらめずに同じ道を突き進む意味と誤解されるかもしれませんが、そうではありません。「別の道に進む」ことも含まれます。過大評価も過小評価もせずに、ありのままの自分や現状を理解したら、「過去以上の成績が出ないのは、この経験を通してもう十分学んだからかもしれない。これまで学んできたことを別の形で活かす時期になったのかも」と気づくこともあるからです。

生きるスタイルはいろいろあります。達成不可能な目標にこだわりすぎないことによって、より現実的で実現可能な目標設定が可能となることも、研究により証明されています(18)。様々な角度から質問し、人生の選択肢を広げ、どんな経験もよりよい将来をつくる糧となることに気づかせる。そんな対話をしたいですね。

7 お互いに尊重し、受け入れ合う風土をつくる

さいごに、自尊感情を育むのに最も大切なポイントをお伝えします。それは、「お互いに尊重し、受け入れ合う風土をつくる」ということです。

一方的に自分の意見を述べる前に、まず相手の意見を聞く。相手が自分とは異なる意見を言ったときに、否定をせずに「そういう見方もあるんだ」と一旦受け入れ、お互いの意見から学び合う姿勢をもつ。このような「相手を尊重し、受け入れ合う風土」を、家庭や学校につくることが重要です。家族やクラスを構成するメンバーが、お互いにこうした姿勢で接し

合うことで、「受け入れられ、尊重されている自分は、価値のある人間なんだ」「ここに自分の心の居場所がある」と感じることができるからです。こうしたことは、まさに「結果形成に参加する経験」（36頁参照）と言えます。特に、思春期の子どもにとっては、友達からの受容が自尊感情に強く影響します。このため、学校では教員が、生徒を人として尊重し受け入れる姿勢を常にもつようにして、「見せて」学ばせましょう。

あなたにとって都合のよい意見だけを受け入れるのではなく、どんな意見が出てきても受け流したり否定したりせずに、「確かにそういう見方もあるね」と、まず一旦受け止める。また、クラスメイトの意見を見下したり、嘲笑したりする発言をしている生徒がいたら、流してしまわずに、「そう言われると、相手はどう感じるかな？」と問いかけ、考えさせる。このように「日々の生活のなかで、お互いに尊重し、受け入れ合うとはどういうことなのか」を考えさせ、主体的に学ぶ機会をつくりましょう。

普段から、家庭や学校で「尊重され、受け入れられている」と感じられていたら、自然に、「自分は、長所も短所もあるこの自分だからよい」「自分は、能力やルックスに関係なく、尊重されるに値する人間なんだ」という感覚が身につきます。すると、人生の難しい局面でも、自分の存在価値を信じることができ、つらくても、あきらめてしまいにくくなるのです。このことを忘れずに、家庭や学校に優しい風土をつくっていきましょう。

Try 自尊感情（自己肯定感）を育むトレーニング

結果だけを見て、「現在の能力や状態」を過大評価も、過小評価もしないようにしましょう。よい成績をとったからといって「天才！」「さすが！」などと、おだててはいけません。そうではなく、子どもが努力していること、自主的に工夫していること、集中力や忍耐力をもって取り組んでいることなどに日頃から気づき、認めるようにしましょう。このような日頃の行動が、子どもに「自分はちゃんと見てもらえている」「ケアされている」といった安心や愛を感じさせます。

そして、よい結果が出たときには、「よかったね。がんばっていたものね」「これで、また一歩、目標に近づけたね」と声かけをし、努力がよりよい将来や成長につながっていることを実感させましょう。

また、子どもが落ち込んでいるときには、困難や努力の意味を肯定的にとらえられるようになるためにはどう話せばいいかを考えましょう。

家族やクラスのなかに、お互いに尊重し、受け入れ合う風土をつくりましょう。自分の意見を一方的に述べる前に、まず相手の意見を聞く。相手が自分とは異なる意見を言ったときに、否定をせずに「そういう見方もあるんだ」と一旦受け入れ、お互いの意見から学び合う姿勢をもつ。このように、人として尊重し、受け入れ合う風土を、家庭や学校につくるのです。こうした日頃の生活環境が、「自分は、尊重されるに値する人間なんだ」という気づきをもたらすことを忘れないようにしましょう。

《本トレーニング実施後、期待できること》

・子どもが、結果に一喜一憂しなくなる。
・仮に失敗しても「失敗から学ぼう」「まだ、これから成功できる」と、子どもが思えるようになる。
・子どもが、「結果」と「自分の存在価値」とを切り離して考えられるようになる。
・子どもが、自分のことを過大評価も過小評価もすることなく、ありのままの自分を受け入れられるようになる。
・難しい局面でもあきらめてしまいにくくなる。
・あなたの愛が子どもに伝わる。
・子どもが、自分自身のことを好きになれる。

3 自己効力感
自分の能力を信じられるようになる

ここからは、２つ目の、自分の能力に対する自信、「自己効力感（self-efficacy）」について解説しましょう。

自己効力感とは、「私には必要な知識やスキルがあるから、うまく遂行できる」という自分の能力に対する確信のことです。「あなたならきっと大丈夫。自信をもってがんばって」と言うことがありますが、普段私たちが使っている「自信」は、こうした能力に対する自信、「自己効力感」のことを指すことが多いと思います。

1 励ましは、ときに子どもを追いつめる

ところで、あなたは自信のない子どもに「自信をもってがんばって」と励ましたことがありますか？　そのように励まして、はたして効果はあったでしょうか？　僭越ながら、励ましの効果は、大して得られなかったと推測します。なぜか？

それは、自信には、「うまくいった」という成功体験が不可欠だからです。[19・20] だから励まされても、成功体験がない限り、自信なんてもてるわけがないのです。たとえば、成績の悪い子どもに「自信をもってがんばって。あなたならできる」といくら言ってもムダ。と言うのも、成績が悪いのは、今の勉強方法がうまくいっていないから。がんばってもうまくいったことがないのに応援されるなんて、どれほどのプレッシャーでしょう。

こうしたときには励ますのではなく、とにかく一度でもいいから、「うまくいった」という成功体験を積ませることが、子どもを追いつめずに、自分の能力を信じられるようになるためには重要なのです。

2 成功体験を導く対話のコツ

ただ、人によって「成功」の定義は違います。そのため、子どもに「今の憂鬱な気持ちを軽くするには、どういう状態になったらいいと思う?」と、その子にとっての「なりたい状態」を聞くことが大切です。

たとえば、勉強、運動ともに苦手で、性格も内向的で、何をするにも自信がない子どもが、憂鬱な表情をしていたとします。「どうしたのか」を、68頁に前述したような「話を聞くときの基本」を押さえながら聞いてみると、来週から始まるソフトボールの授業で、みんながやりたがらないキャッチャーを務めることになり、気が重いということがわかりました。

そこで、「成功体験を積ませることが大切だったな」と考え、「じゃあ、今からキャッチボールの練習をしよう」と親が張り切ってしまうと、子どもは逃げ場を失い、さらに憂鬱になってしまうなんてことになりかねません。

そんな双方にとって残念な結果にならないようにするために、必ず「今の憂鬱な気持ちを軽くするには、どういう状態になったらいいと思う？」と、その子にとっての「なりたい状態」を聞きましょう。「ボールをキャッチできるようになりたい」のか、「うまく交渉し、今からでもキャッチャー役を降りたい」のか、Dr.、どのような状態をその子が望んでいるのかを聞き出すのです。まさに、開かれた質問をして、動機づけるチャンスとなる言葉「チェンジトーク」を引き出すのです。

Dr.エビーナの　ワンポイント・コメント

もしその子が「うまく交渉し、今からでもキャッチャー役を降りたい」のであれば、128頁の「アサーション・トレーニング」を一緒にやり、「交渉場面でどう話せばいいか」実際のセリフを考えるとよいでしょう。「うまく交渉でき、キャッチャー役を降りることができた」という経験も、成功体験です。この経験により、きっと自分のコミュニケーション能力に自信をつけるはず！

そこでもし、その子が、「ボールをキャッチできるようになりたい」という状態を望んでいるのであれば、「それを叶えるためには、どうすればいいのか」を質問し、考えてもらいましょう。そして、その子が「うまくキャッチできるようになるためには、練習をしなくてはならない。でもどうやって練習をしていいのかがわからない」と言うようであれば、「じゃあ、この週末、一緒にやろうか」と言い、実際に、一緒にキャッチボールをしたらいいのです。最初はゆっくり投げてボールに慣らしていって、その子がきちんと受けられるようになったら、少しずつスピードを速めたり、ボールに変化をつけたりしていく。そうやって、少しずつ、「いろんなボールをキャッチできた」という成功体験を積むと、自然と自己効力感は育まれていきます。

つまり、子どもの気持ちをくみ取りながら、復唱や要約をし、「どんな状態を〝成功〟と思っているのか」、子どもが求める状態を確認する。それから「その〝成功〟の状態に近づくために、何をしたらいいのか」質問し、これからとるべき行動を自発的に考えてもらい、明確にする。

もし、相手に成功体験を積むために必要な資源（知識やスキルなど）がなければ、あなたが資源となり、うまくいくようにサポートする。そうして、まず一度でもいいから成功体験を積ませる。うまくいったら、努力を認め「よかったね」と喜びを共感する。このようにして、成功体験を積んでいくことが、自信を育むには不可欠なのです。

3 観察させるのも1つの手

とは言え、対話の力だけでは、どうしようもない場合もあります。「練習しないといけないと思うのだけれど、苦手意識が強すぎて練習する気にならない」というように、心の準備段階が低い場合です。そうしたときには、まず関心をもたせることから始めましょう。

関心をもたせるには、人がやっているのを見て学ばせる「観察学習」が一番です。話を聞いてから別の日に、「Aちゃんの家族とピクニックをするんだけど、あなたも来る?」というようにゆるく誘い、家族ぐるみの友達みんなでピクニックをしながら、その一部の人たちは途中から草野球を楽しむ。そこでその子が加わりたそうにすれば、参加させてあげればいいし、別に関心をもたないようであれば、それはそれでよしとする。そんなゆるい「観察学習」だけでも、自信に影響を与えることが行動科学の分野では明らかになっています。このため、「さぁ、やってみよう」という気持ちになれていない子どもや、最近失敗続きで自信を失っている子どもには、観察ができるような環境に身を置かせるとよいでしょう(図2-5、次頁)。

「観察学習」のよいところは、当事者にプレッシャーを与えずに、「こうすればいいんだ」ということを学ばせることができる点です。観察の対象となる人の投げ方がよかったときに、「今の腕の上げ具合がよかったね!」というように強化したい行動を指摘することで、「どうすれば上達するのか」を効果的かつ前向きに教えることができます。

図2-5　自己効力感を高めるメカニズムに沿ったアプローチのプロセス

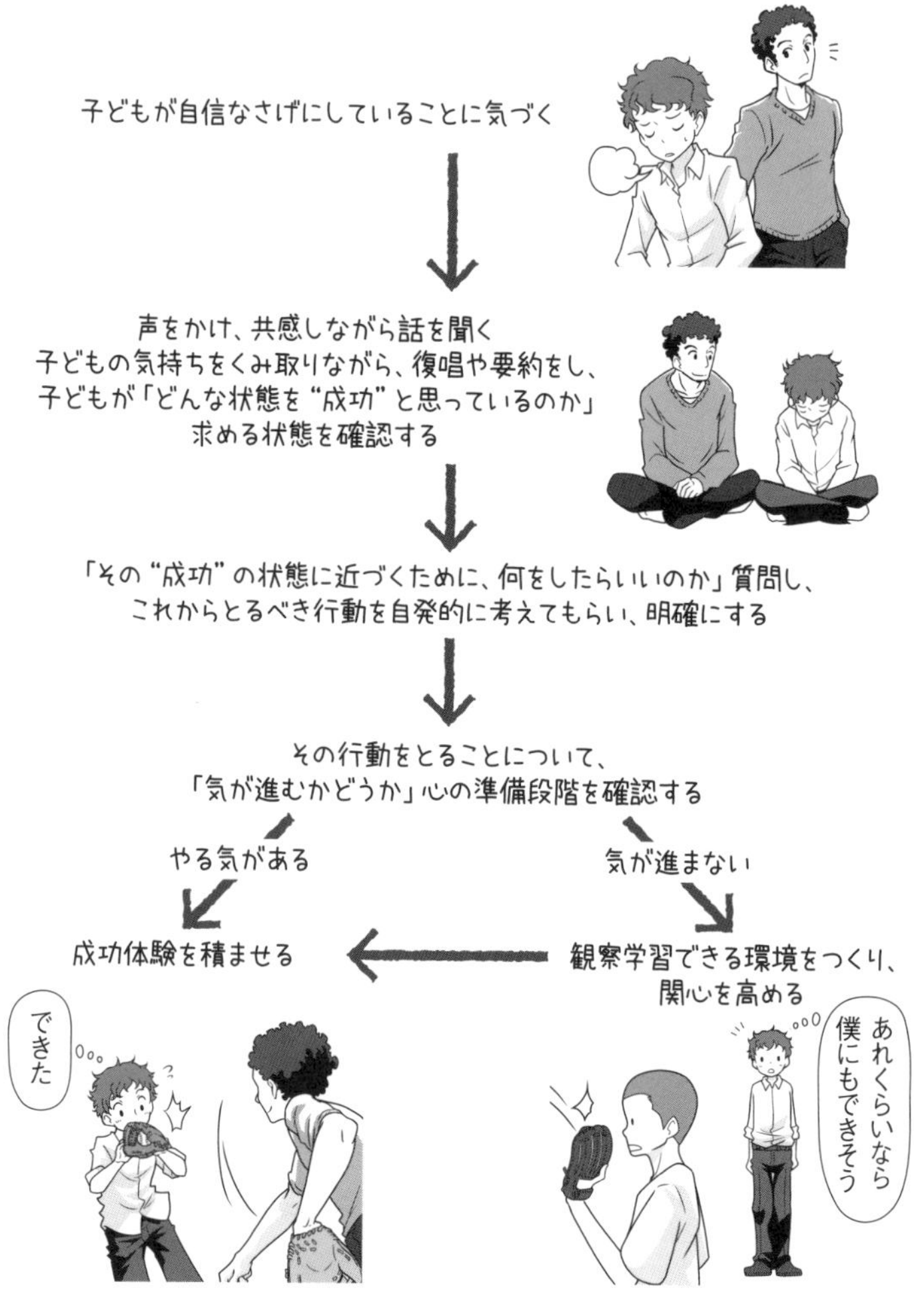
子どもが自信なさげにしていることに気づく
声をかけ、共感しながら話を聞く
子どもの気持ちをくみ取りながら、復唱や要約をし、
子どもが「どんな状態を“成功”と思っているのか」
求める状態を確認する
「その“成功”の状態に近づくために、何をしたらいいのか」質問し、
これからとるべき行動を自発的に考えてもらい、明確にする
その行動をとることについて、
「気が進むかどうか」心の準備段階を確認する
やる気がある
気が進まない
成功体験を積ませる
観察学習できる環境をつくり、
関心を高める
できた
あれくらいなら僕にもできそう

ただし、この場合の「観察の対象となる人」というのは、誰でもよいわけではありません。私たちが最も強く影響を受けるのは、年齢・性別などのバックグラウンドや行動が自分と似ていながら、自分より優れ、魅力的であったり、先を行っていたりする人です。「身近なんだけど、自分よりちょっとスゴイ人」の行動を見て、「あっ、いいな」と思えたら、その真似をするという特性を私たちはもっています。だから、草野球をするにしても、親世代の友達だけでなく、その子の憧れの存在となりそうな「魅力的なお兄さんやお姉さん」も誘えたら、より効果が期待できます。

COLUMN

「成功体験」と「観察学習」で国公立大学の合格者数UP！

東日本大震災の被災地の某市では、有名大学の学生や教員、予備校講師などのボランティアを積極的に受け入れました。そのまちに大学はなく、子どもたちも、それまで国公立大学の学生と身近で話す機会もほとんどなかったのですが、日常的にボランティアの大学生と交流を深めた結果、その翌年はなんと、国公立大学の合格者数が増加したそうです。

これは、大学生に具体的かつ実践的な成果の出る勉強方法を教えてもらえただけでなく、大学生を日々観察し、「このお兄さん・お姉さんたちだって、あんな有名な大学に行けたんだ。自分もがんばれば、ムリじゃないかも」と思えたからではないでしょうか。

まさに「成功体験」と「観察学習」との相乗効果と言えるでしょう。

Try 自己効力感を育むトレーニング

子どもが憂鬱そうな表情をしていたら、まず子どもの気持ちを聞き出しましょう。その際、共感しながら話を聞き、子どもの気持ちをくみ取りながら、子どもの発言を復唱や要約することで、子どもが「何に悩んでいて、悩みが解決した状態はどのような状態だと思っているのか（どんな状態を成功と思っているのか）」を確認しましょう。

そうして、子どもにとっての「成功」の状態を把握できたら、今度は「何があれば、あるいは何をすれば、その成功した状態を達成できるのか」質問し、考えてもらいましょう。

それから、その行動をとる心の準備段階を確かめましょう。「よし、やろう」と思っているのか、「あまり気が進まないなぁ」と思っているのかを尋ねるのです。もし、心の準備段階が低い場合には、まず関心をもたせることから始めましょう。そのためには、その子のちょっと先を行く「憧れの存在」に協力してもらい、観察学習をさせましょう。子どもが関心を高めたり、ワクワクした表情で「これくらいならできるかも」と言ったりしたら、観察学習は成功です。

子どものやる気が少し高まったら、実際に「うまくいった」という経験を積ませましょう。その際、子どもの努力だけでは「うまく達成できた」という成功体験が積めないようであれば、あなたが子どもをサポートする存在になるか、助けてくれる人を探して、とにかく「やってみたら、できた」という経験を積ませましょう。

《本トレーニング実施後、期待できること》

・「子どもが何を求めているのか」を把握できる。
・子どもの心の支えになれる。
・子どもが、「困ったときに当てにできる存在がいること」に気づけるため、追いつめられにくくなる。
・「うまくいった」という成功体験を積みやすくなる。

・子どもが、「あんなふうになりたい」という憧れの存在を身近に感じ、「こうやれば憧れに近づける」ということを肌で学べる。
・子どもが、苦手意識をもっていたことに関心をもてるようになる。
・子どもの自己効力感が高まる。

COLUMN

2分間で体内物質を変化させ、自信を高める方法

ここまでは、根本的に「自信を高める」方法をお伝えしましたが、さいごに、自信がないとき、2分間で自信を高める魔法のような方法をお伝えしますね。

それは、2分間、「胸を張る」「手や足を広げる」「仁王立ちをする」など、「身体を開き、自分を大きく見せる」といった自信のある人がよくやる姿勢をとるという方法です。

図2-6 力強いポーズと弱いポーズ

自信があるとき、人は身体を開き、自分のパワーを見せつけるように大きく見せる「力強いポーズ」をとるものです（**図２-６**）。陸上で１位になった選手、サッカーでゴールを決めた選手、部下を叱る上司、子どもを叱る親や教員などはみんな、胸を張り、手を広げたり、腰のところに両手を置くスーパーマンのポーズをしたりして、大きく見せています。

逆に、自信がないとき、人は身体を閉じ、「弱いポーズ」をとります。猫背になり、手や足を組んだり、うなだれたりして、まるで他人にぶつからないようにするように、小さくなるものです。

社会心理学者のエイミー・カディ博士の研究では、２分間、「力強いポーズ」をとると、それだけで「テストステロン」という支配性ホルモンが増え、「コルチゾール」というストレスホルモンが減ることを確認しています。[21]

そして自信をもって、アサーティブに（117頁参照）自分の気持ちを表現するようになり、ストレスを感じにくくなったのです。

一方、2分間、「弱いポーズ」をとると、テストステロンが減り、コルチゾールが増えたという結果が得られました。そして、内気になり、ストレスを感じやすくなったのです。

さらに、興味深いのは、これが研究室の中だけではなく、人生を左右する大事な局面でも使えることが確認された点です。カディ博士は、2分間、一方のグループには「力強いポーズ」を、もう一方のグループには「弱いポーズ」をとってもらい、その後、何を言っても無表情な面接官による就職面接を受けてもらうという研究もしました。その結果、事前に「力強いポーズ」をとっていた人たちのほうが全体的に高く評価され、「採用したい」と言われたといいます。

身体と心はつながっています。身体は心を変化させ、心は行動を変えさせ、行動は結果を変えます。このことを忘れずに、テストや受験、体育祭や文化祭など、何か大切なイベントの前に子どもが自信をなくしているようであれば、2分間、「力強いポーズ」をとるように伝えましょう。すると、その2分間で、体内物質が変化し、心もついてきてくれるはず！

4 アサーション よい人間関係を築けるようになる

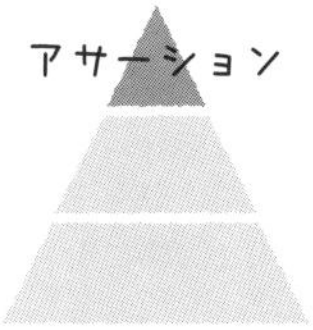

今度は3つ目の、うまく自己主張できる「アサーション」についてお伝えしましょう。このアサーションのスキルが身につくと、自分の意見が受け入れられやすくなるため、他人に対して自信がもてるようになります。

1 自分の意見を伝えるときはアサーティブに

「うまく自己主張する」のは、大人でも難しいですよね。ここでは、よくある大人の事例を用いて考えていこうと思います。

たとえば、以前は食事のとき、家族で会話をしながらいただいていたのに、最近、子どもが目を合わせることもなく、スマートフォンをいじりながら食事をしていたとします。「食事の時間は、家族が今日一日の出来事を語るための重要な時間」という価値観をもっていて、なおかつ「しっかり味わって食べてほしい」「食事中のマナーを身につけさせたい」と願っ

ているあなたは、「食事中のスマートフォンの使用をやめてほしい」と思っています。同時に、反抗期の子どもに下手な言い方をして「関係が悪くなったら嫌だな」と懸念もしています。

さぁ、こんなときに、どうしたら子どもとの関係を悪化させることなく、自分の意見を伝えられるでしょうか。

そのヒントとなるのが、アサーション[19・22]なのです。アサーションとは、自分も相手も大切にした自己表現のことです。自分の感情や気持ち、考えなどを率直に、しかも相手を傷つけずに、その場の状況に合った適切な方法で表現するコミュニケーションです。

この理論では、コミュニケーションのタイプを大きく3つに分けて考えます。「アグレッシブ（攻撃的）」「ノンアサーティブ（非主張的）」「アサーティブ」です。1つずつ、説明していきましょう。

①アグレッシブな表現

アグレッシブな表現とは、自分のことを中心に考え、相手のことはまったく考えない表現方法です。相手に対して、理由や言い分など聞く余地もなく頭ごなしに「食事中にスマホを触るのはやめなさい」「どうして（あなたは）行儀よくできないの」などと非難・批判するのが、これに含まれます。

この表現方法では、自分の気持ちを抑えることなく表に出すので、自分はスッキリできますが、相手の気持ちは考慮していないため、相手は不快な思いをします。だから、アグレッシブな表現をすると、相手が反抗したり、心を閉ざしたり、あるいは人間関係が悪くなったりしかねません。これは、どんなに優しい口調で言ったとしても、結果は同じです。相手に選択の余地のないような言い方で押し付けて、相手の行動を自分の思い通りに変えようとするのは、すべてアグレッシブな表現と言えます。

アグレッシブな表現には、「あなたは」の主語が隠れていることが多いので、言葉を発する前に、今から言おうとしていることには、「あなたは」が隠れていないか、自分は攻撃的になろうとしていないか、確認するとよいでしょう。

②ノンアサーティブな表現

ノンアサーティブな表現とは、自分の感情は押し殺して、相手に合わせるような表現方法です。たとえば、本当は食事中のスマホをやめてほしいのに、「今の時代はスマホが手離せないいんだよね」などと物わかりのいいようなことを言ったり、あえて何も言わなかったり、嫌そうな素振りをして相手が気づいてくれるのを待ったりするのが、これに当たります。

このような態度は一見すると、相手を配慮しているようにも見えますが、自分の気持ちに正直ではなく、よって相手とも正直な態度で接しているとは言えません。自分の気持ちを抑え続けていると、次第に不満が募り、相手に対して「私はこんなに我慢してあげているのに、全然わかってくれない」という恩着せがましい気持ちや恨みがましい気持ち、言うべきことが言えなかったことに対するフラストレーションが生じてしまいます。また、嫌そうな素振りをするあなたを見て、相手は「言いたいことがあるなら、はっきり言えばいいのに」と不満を感じ、長い目で見たときに人間関係の悪化が予測されます。

③アサーティブな表現

アサーティブな表現とは、自分の気持ちや考えを相手に正直に伝えるけれど、相手のことも配慮する、自分も相手も尊重した表現方法です。この表現のポイントは、「私は」を主語にして自分の意見を伝え、相手の気持ちになって「相手ができそうな行動」をとってもらえないか、頼るような聞き方をすることにあります。「食事中のスマートフォンの使用はやめてほしい」という先ほどの事例で言えば、「(私は)食事しながら、今日あったことを話したいんだけど、スマホを脇に置いてもらえない？」といった表現になります。

いかがでしょう？　こう言われると、気持ちを表現されても、嫌な感じを受けないのではないでしょうか。また、あなたも自分の気持ちを我慢することなく表現できて、スッキリするはずです。アグレッシブな方法には、「あなたは」という主語が隠れているのに対し、アサーティブな方法には「私は」という主語になるのがポイントです。

この言い方で十分なのですが、「慣れるまでは、具体的に説明したマニュアルのようなものがあったほうがいい」という方のために、バウアー夫妻が考案した「アサーティブな話し方」[23]も紹介しておきましょう。これは、ＤＥＳＣの流れで伝えていく方法です（表２-２、次頁）。先ほどの例をＤＥＳＣに沿って話すと、

Ｄ：ずっとスマホを見ていて、友達からの連絡が気になるみたいだね。

Ｅ：（私は）食事しながら、今日あったことを話したいんだけど…

Ｓ：スマホを脇に置いてもらえたら、

Ｃ：嬉しいなぁ

という具合になります。

表2-2 DESCの流れ

D 相手の気持ちや行動を客観的に述べる（Describe）

相手の行動を観察したり、相手が発した言葉から、あなたが理解した内容を述べる。

E 自分の感情や意見を表現する（Express）

相手の気持ちや行動を確認したら、今度はあなたの感情や意見を表現する。
このとき、相手の行動を非難し、変えようとするのではなく、
「あなたがどう感じている（思っている）のか」を伝える。

S 相手にとってもらいたい行動を明確に述べる（Specify）

あなたの感情や気持ちを表現したら、「相手にどんな行動をとってもらいたいのか」を
明確に伝える。このとき、いきなり問題行動を修正しようとするのではなく、
あくまで相手の気持ちになって、できそうなことを提案するとよい。

C 結果を明確にする（Consequences）

「その行動を相手がとった結果、どうなるのか」を伝える。

この言い方だと、気持ちを伝えられても、嫌な感じにならないですよね（**表2-3**）。「難しい場面でどう話したらいいのかわからず、悩んでいる」という方は、まず「どう話せばいいか」DESCに沿って考えると、頭を整理しやすくなるでしょう。

Dr.エビーナの

ワンポイント・コメント

言うまでもないことですが、前頁のDのように伝えたことで、子どもが「あっ、ごめん。（返信後）もう大丈夫。連絡とれたから」と言って、スマートフォンを脇に置いて、食事をするようになったら、もうこれ以上言う必要はありません。

表2-3　３つのタイプの表現と予測される結果

表現のタイプ	実際の言葉や行動	予測される結果
アグレッシブ（自分のことだけを考えた表現）	言葉： 「食事中にスマホを触るのをやめなさい」 「命をいただいているのだから、食べ物にもっと敬意を示しなさい」 「どうして（あなたは）行儀よくできないの」	・自分の感情や意見を言えるので、その瞬間はスッキリする ・子どもが自分に反抗するようになる ・子どもが心を閉ざすようになる ・子どもとの関係が悪くなる
ノンアサーティブ（相手に合わせるような表現）	言葉： 「今の時代はスマホが離せないんだよね」 行動： ・何も言わない ・嫌そうな素振りをして、相手が気づいてくれるのを待つ	・恩着せがましい気持ちや恨みがましい気持ち、言うべきことが言えなかったことに対するフラストレーションが生まれる ・子どもは「言いたいことがあるなら言えばいいのに」と不満を感じる
アサーティブ（自分も相手も尊重した表現）	言葉： D:「ずっとスマホを見ていて、友達からの連絡が気になるみたいだね」 E:「（私は）食事しながら、今日あったことを話したいんだけど…」 S:「スマホを脇に置いてもらえたら」 C:「嬉しいなぁ」	・自分の気持ちを伝えられスッキリする ・子どもとの関係も悪くならない

2 子どもにもアサーションを教えよう

自分の感情や気持ち、考えなどを率直に、しかも相手を傷つけずに、その場の状況に合った適切な方法で表現できるようになる「アサーション」のスキルを身につけることは、よい人間関係を築くために大切なことです。特に、友達からの受容が自尊感情に影響する思春期の子どもにとっては重要です。友達から承認され、受け入れられることで自信につながるからです。だから、あなたがアサーティブに子どもに接するだけでなく、子どもにもアサーションを教えましょう。

教えるときには、「毎回、宿題の答えを写す友達がいて、内心、私も自分の答えに自信があるわけじゃないのに、写されて嫌だなと思っている」など、子どもが経験しそうな場面を例にして、「アグレッシブな表現、ノンアサーティブな表現、アサーティブな表現は、それぞれどのようなものになるか」考えてもらいましょう。それから、そのように言われたら、「自分や相手はどう感じるか」「人間関係はどうなるか」、予測される結果も考えていきましょう。

一方的に説明するのではなく、動機づけ面接の4つの基本スキルＯＡＲＳ（75頁）を用いて、子どもに主体的に考えてもらいながら進めると、どの表現が最善の結果をもたらしそうか実感でき、身につきやすいのでオススメです。

家庭でアサーションを教えているシーン

あなた：自分の気持ちを伝える表現方法って、3つあるんだって。1つ目が、アグレッシブな表現。これは、自分のことだけを考えた表現のことみたい。たとえば「毎回、宿題の答えを写す友達がいて、内心、私も自分の答えに自信があるわけじゃないのに、写されて嫌だなと思っている」という場合、アグレッシブに自分の気持ちを表すとすると、どう伝える？

子ども：「自分で宿題やりなよ」「いつも答えを写してばかりいて、ズルいよ」とか？

あなた：そうだね。では、このように言ったら、自分や相手はどう感じるかな？　そして、その後の人間関係はどうなると思う？

子ども：「私は、スッキリする」「友達は、自分を避けるようになる…かな？」「友達関係が悪くなる」

あなた：こう表現をすると、自分はその瞬間スッキリするけど、後々のことを考えるとよくないみたいだね。じゃあ、2つ目の表現、ノンアサーティブで考えてみよう。この表現は、自分の気持ちは我慢して、相手に合わせるような表現なんだけど、ノンアサーティブに伝えるとしたら、どう言って伝える？

子ども：「何も伝えない、かな？　友達関係にヒビが入ってほしくないから、何も言わずに我慢する」「嫌そうな素振りをして、相手が気づいてくれるのを待つ」

あなた：なるほど。では、そうしたら、自分や相手はどう感じるかな？　そして、その後の人間関係はどうなるかな？

子ども：「その友達に対する嫌な感情がだんだん大きくなる」「友達は、〝何、一人で怒っているの？

まずはD、
この友達の行動を
客観的に述べてみて

嫌な感じ。何か不満があるなら言えばいいのに…〟と思うんじゃないかな」「近い将来、友達関係が悪くなる」

あなた：なるほど。じゃあ、これも、後々のことを考えると、よい表現ではないようだね。じゃあ今度は、3つ目の表現、アサーティブで考えてみよう。これは、自分も相手も尊重した表現のこと。ポイントは、「私は」を主語にして自分の意見を伝え、相手の気持ちになって「相手ができそうな行動」をとってもらえないか、頼るような聞き方をすることにあるの。慣れるまでは、DESCの順番で考えるといいみたいだから、早速、やってみようか。まずはD、この友達の行動を客観的に述べてみて。

子ども：「いつもギリギリになって宿題を写しているね」

あなた：そうだね。じゃあ、今度はE。自分の気持ちを率直に言ってみてくれる？

子ども：「最近、勉強にまったくついていけていないからあきらめて、とりあえず写しているように感じるんだけど… 私も自分の答えに自信があるわけじゃないし、正直、責任を感じているんだ」

あなた：ちゃんと主語が「私は」で言えてるね。今度はS

で、相手にとってもらいたい行動を明確に述べてみよう。

子ども：「これから一緒に宿題をやらない？」

あなた：相手ができそうな優しい提案だね。では、さいごのCで、その行動をとった結果、どうなるのかを伝えよう。

子ども：「宿題を一緒に考えられたら私も気がラクになるし、そこで私にわかることなら教えるし、お互い、学び合えていいと思うんだ」

あなた：その行動をとることによるメリットを、様々な角度から伝えられたね。今までの言葉をつなげると、「いつもギリギリになって宿題を写しているね。最近、勉強にまったくついていけていないからあきらめて、とりあえず写しているように感じるんだけど…　私も自分の答えに自信があるわけじゃないし、正直、責任を感じているんだ。これから一緒に宿題をやらない？　宿題を一緒に考えられたら私も気がラクになるし、そこで私にわかることなら教えるし、お互い、学び合えていいと思うんだ」となるけど、このように伝えたら、自分や相手がどう感じるか、考えてみようか。それから、伝えた後の人間関係はどうなるかな？

子ども：「私は、気持ちを伝えられスッキリする」「友達も、嫌な気持ちにならない」「友達関係も別に悪くならない」

あなた：自分のことも相手のことも尊重した表現をすると、お互いにとっていいみたいだね。３つの表現を比べてみると、やっぱりアサーティブな表現が最善の結果をもたらしそうだね。

Try

アサーション・トレーニング

では今度は、友達から「お金を貸して」と頼まれ「断りたい」という事例で考えてみましょう。

このような場合、アグレッシブな表現、ノンアサーティブな表現、アサーティブな表現では、それぞれ何と言い、どのような行動をとるか考え、**表2-4**の①から③に書き込んでください。

アサーティブな表現は、DESCを使って考えてみましょう。

D：相手の気持ちや行動を客観的に述べる。
E：自分の感情や意見を表現する。
S：相手にとってもらいたい行動を明確に述べる。
C：結果を明確にする。

それから、①から③のように伝えた後、「自分や相手はどう感じるか」「人間関係はどうなるか」などの予測される結果を④から⑥に記入してくださいDr.。クラスでおこなう場合には、グループになって、みんなで考えるようにすると、より効果的です。

表2-4 アサーティブな表現を考えるワークシート

表現のタイプ	実際の言葉や行動	予測される結果
アグレッシブ（自分のことだけを考えた表現）	①言葉	④
ノンアサーティブ（相手に合わせるような表現）	②言葉 行動	⑤
アサーティブ（自分も相手も尊重した表現）	③言葉 D: E: S: C:	⑥

Dr.エビーナの ワンポイント・コメント

この事例に限らず、日常生活で「どう話したら、自分の意図を誤解されることなく、うまく伝えられるか」という難しい場面に出会った際は、このトレーニングを思い出し、①から⑥を考えてみてから発言するようにしてみてくださいね。そうしたらきっと、自分も相手も大切にした話し方が思いつくはず！

いかがでしたか？　自分の気持ちや考えを尊重し、相手に正直に伝えるけれど、相手のことも配慮する「アサーティブ」な表現が最善の結果をもたらしそうだということが、実感できたでしょうか（アサーティブな表現の例は次頁参照）。

《本トレーニング実施後、期待できること》

・アグレッシブな表現、ノンアサーティブな表現、アサーティブな表現のそれぞれの違いを理解できるようになる。
・表現方法により、結果が変わることに気づける。
・自分の気持ちも相手の気持ちも尊重し、配慮することができるようになる。
・自分の意見をアサーティブに伝えられるようになる。
・コミュニケーションの表現方法が悪いことで引き起こされる人間関係の不和を減らすこ

とができる。
・他人とよい関係を築けるようになる。

表２-４（１２９頁）アサーティブな表現の例

Ｄ：お金に困っているんだね。
Ｅ：友達だから貸してあげたいんだけど、お金のやりとりがうまくいかないと友達をなくすことになるってよく聞くから…　私はあなたを失いたくないから、お金の貸し借りをしたくないんだ。
Ｓ：まず一緒に先生に相談してみない？
Ｃ：先生の反応を見てから考えたら、何かいい解決策が見つかるかもしれないよ。

5 公正なルール ブレない心をつくる

ここまでは、安心を与えモチベーションを高める対話の基本をお伝えした後、「生き抜く力」の核となる自信の説明と、自信を構成する自尊感情、自己効力感、アサーションを身につけるためのコミュニケーションや環境について述べてきました。

本章では、自信という切り口からこうした構成を導いてきました。実はこれらは、サンドラー博士らが示したモデルで、子どものストレス対処を促すよいサポートの条件[24]として提唱されていることでもあります。

子どものストレス対処を促すよいサポートの3つの条件
条件1．社会関係のなかでの安心を高めている。
条件2．自尊感情を高めている。
条件3．コントロールに関する信念を強めている。

これらの条件を、本章で紹介した項目と照らし合わせてみると、「対話」が条件1、「自尊感情」が条件2、「自己効力感」や「アサーション」が条件3、とそれぞれうまく対応した形になっています。さらに同モデルでは、これら3つのサポートに加え、予測可能な社会環境を提供することの重要性も提唱しています。そこで、ここでも予測可能な社会環境を提供するためにどうすればいいのか、について解説していきましょう。

Dr.エビーナの

ワンポイント・コメント

本章の内容をSOCの視点から整理すると、対話や自尊感情の内容は「やるぞ感」、自己効力感やアサーションの内容は「できる感」、そしてこれから紹介する公平なルールは「わかる感」を高めるのにそれぞれつながっています。

つまり、複数の概念やモデルにおいて、安心を与える対話、自尊感情、自己効力感やアサーション、一貫した予測可能な社会環境が、「生き抜く力」にとって重要だと述べられているのです。

1　心の混乱や不安を最低限にする環境に必要なものとは？

ところで、なぜ、予測可能な社会環境を提供することが重要なのでしょうか？

これについて、まず私たち大人が経験することで考えてみましょう。たとえば、「子どもを叱って以来、反抗するようになった」というように、ある行為が自分の予想外の展開を生むことがあります。そうしたとき、「悪いことをしたから叱ったのに、どうして素直に反省せずに反抗するんだ」と混乱し、腹を立てたり、あるいは悲しくなったり、「もうどうしたらいいんだ」と、今後の子どもへの接し方に悩んだりしますよね。すると、自分に自信をなくし、子どもの言動に一喜一憂したり、子どもに嫌われたくないから、仮に子どもが問題行動をとっていても、それに気づかないふりをしてしまったりしかねません。

こうした状態は、「自分の置かれている状況を理解できている、または今後の状況がある程度予測できる」という「わかる感」が低くなっている状態です。この感覚が低いと、心が混乱したり、不安を感じたりしやすくなることは21頁で解説しましたね。しかし、一貫性のある予測可能な社会環境があると、「私のいる世界は、安心して頼れるものだ」という確信をもちやすくなります。すると、どんなに難しい場面でも心の混乱や不安を最低限に抑えることができ、問題があった際にも毅然と対応できるようになるのです。

では、何があれば、一貫性のある予測可能な社会環境をつくれるのでしょう？　必要なのは、「共通理解された価値観、規律やルール」です。迷ったときに立ち戻れる、こうした判断するときの「柱」があると、「もうどうしたらいいんだ」という迷いや混乱を最小限に抑え、将来を肯定的に見通すことができるものです。また、こうした日々の決まりごとが、逆境下にある子どもに平穏さを与えることも確認されています。[25]

さらに、「こういうルールに基づいて対応したらいい」という「柱」があると、何があっても毅然とした態度で対応しやすいもの。そんな筋の通った一貫性のある大人の態度は、子どもの「わかる感」も高めます。しかも、そうした基準となる価値観やルールが子どもにも共通理解されていると、あなたの対応も受け入れられやすくなります。

「共通理解された価値観、規律やルール」と聞くと、堅苦しく感じるかもしれませんが、人が逆境にさらされたときに、「これに基づいて判断し、対応したらいい」という判断基準があると、人は動じにくくなるのです。

2　叱って子どもが反省しないのは、当たり前

ところで、「叱っても、子どもが反省してくれない。だから、反抗されたり、問題行動が繰り返されたりする」ということがあります。そもそも、叱ることに効果はあるものなのでしょうか？　言い換えると、子どもは叱られることで反省するものなのでしょうか？

叱ることの効果をお伝えする前に、まずはあなたの叱り方を振り返ってみましょう。「普段は叱るけど、子どもが反抗的なときには摩擦を避けるために叱らない」「昨日と言っていることが違う」「ある生徒だけ叱り、他の生徒が同じことをしても叱らない」など、叱る基準がコロコロ変わるということはありませんか？

このように、時や人によって対応や言うことが変わったりするのは、叱る基準がしっかりとしていないから起こることです。こうした叱り方をしていると、子どもは「前はよかったのに、どうして今回はこんなこと言われないといけないんだ！」と理不尽に感じるため、反抗したり、教員にそうされた場合には親に言いつけたりして、素直に反省しなくなります。

しかし、子どもが理不尽だと感じて反抗しているのであれば、「反抗される側」である大人にとっては嫌なものですが、子どもの成長、自立にとって悪いものではありません。心の健康の視点から見たときに大きな問題になるのは、もし理不尽に感じても、それを反抗するなどの行動に表せない環境にいる場合です。そうした環境にいる子どもは、「いつ、何をしたら叱られるのか」予測がつきにくい世界で暮らすことになるので、ビクビク動じやすくなったり、不安を感じたりしやすくなります。すると、「自分に何が求められていて、相手に何を期待していいのか」という現状を把握する力が弱まり、混乱しやすくなったり、将来を見通しにくくなり不安を感じやすくなったりして、結果的に「生き抜く力」を弱めることになってしまいます。

このようにならないために、叱る場合には、一貫性をもたせることが重要です。ただ、大人が自分の中に「叱る基準」を設けて、それが侵されたときに叱るといいのかと言うと、そうでもありません。なぜなら、その基準となる価値観、規範やルールが子どものものと異なり、共有されていない場合、子どもは叱られたときに「自分にはこの行動をとるに至ったそれなりの事情があるのに、大人は何もわかっていない！」「納得できない」と感じるからです。

さて、そんななかなか難しい「叱る」という行為ですが、そもそも、人は叱られると反省するものなのでしょうか？

90頁でも紹介したアドラー博士は、「叱るという行為は、子どもを自分の支配下に置く行為。だから、自立を妨げることになる」と述べています。[26] 叱られて人が言うことを聞くのは、「叱られるのが嫌だから」「怖いから」などが理由であり、必ずしも「反省したから」言うことを聞くわけではありません。つまり、叱って言うことを聞かせることを習慣づけると、常に大人の顔色をうかがって、「バレなければいい」というように、「叱られないことを目的とした行動」をとるようになるのです。そうした子どもは大人になっても、何か悪いことをしたときに、そのことを認めて反省するのではなく、隠そうとするようになります。

また、「しつけ」と称して叱る行為は、子どもの行動だけを制約するものです。だから叱られると、反省するどころか、理不尽さを感じることも少なくありません。たとえば、「親はダラダラとテレビを観ていながら、子どもが同じことをすると叱る」というように、公平性に欠ける場合には、子どもは「理不尽だ！」と反発心を強めるといった具合です。

3　子どもに反省を促す方法

では、子どもに「自分が悪かった。これからはこの行動をとらないようにしよう」と自発的に思ってもらうには、どうしたらいいのでしょうか?

ポイントは、「その行動がなぜ悪いのか」子どもに理解させることにあります。そのためには、子どもが問題行動をとった場合に、「何をやっているの!」などと声を荒らげるのではなく、まず「何があったの?」と、その行動をとるに至った子どもの事情や気持ちを聞きましょう。「話を聞くときの基本」(68頁参照)を押さえて話を聞き、それからアサーティブに「あなたがどう感じたか」「まわりにどんな悪影響をもたらしたか」などについて伝え、「(この家、もしくは学校で)みんなが安心して健康に生活するために、何をしたらいいのか、何をしたらダメなのか」子どもと大人が一緒に考え、価値観を共有するのです。お互いに理解し合えたら、「これからそうした問題行動を起こさないために、どうすればいいのか」ルールをつくりましょう。このとき、子どもが人として〝対等〟であることを忘れずに、子どもの意見も尊重することが大切です。そうすることで「このルールは重要だ」と共通認識できるからです。

ここで重要なのは、価値観やルールを相手に一方的に強いるのではなく、一緒に考え(みんなが主体となって考え)、思いを共有すること。子どもが自分とは異なる意見を言っても、それを否定せずに、「そういう見方もあるんだ」と尊重し、学び合う姿勢で語り合う。

そうしたプロセスを経ることによって、「なぜ、この行動をとるといけないのか」「なぜ、この行動が推奨されるのか」といったことを心から理解してもらえるだけでなく、「自分の意思が尊重されている」と感じてもらうこともできます。

すると、大人に言われなくても率先して、その明確化された推奨行動がとれるようになります。つまり、自律性が育まれるのです。思春期のときに自律性をもっている子どもは、レジリエントな大人へと成長する予測力にもなるので、こうした接し方をすることは、「生き抜く力」の視点から考えて、とても重要なことです。

もし、自分が主体となってつくったルールを破った場合、子どもはすでに反省しているか、少なくとも気まずさを感じているはずです。このため、その違反行為についてそれ以上、問いつめる必要はありません。「何があったのか」「そのルールを守ることができなかった理由は何か」「再発を防ぐためにはどうしたらいいのか」について、また一緒に話し合い、再発を防ぐ新たなルールをつくればいいのです。

子ども、大人問わず、関係者全員が価値観を共有する。そして公正なルールを一緒につくる。それが、ブレない心をつくる基本であり、安心して健康に生活できる家庭や学校をつくる基本でもあるのです。

Try

公正なルールをつくるトレーニング

子どもが気になる行動をとったら、まずは子どもの言い分を聞き、話し合いの場を設けましょう。「最近、何だか家族（あるいは、クラス）がバラバラだ」「ギクシャクしている」といった違和感を抱いたりしたときも、同様に、話し合いの場を設けましょう。

話し合いの場では、子どもと一緒に、「この家（あるいは、クラス）で、どうしていけば、みんなが安心して健康に生活できるか」を家族（あるいは、クラス）全員で考えましょう。お互いの気持ちを自由に語り合い、価値観を共有し、「こうしたらもっとよくなるよね」というルールをつくりましょう。その際、どんな意見であっても否定はせずに、「そういう見方もあるんだ」とお互いを尊重し、学び合う姿勢で語り合ってくださいね。

《本トレーニング実施後、期待できること》

・「生きていくうえで何を大切にしているのか」お互いの価値観を理解し合える。
・「自分に求められていること」や「相手に求めていること」がお互いに理解し合える。
・行動を判断する基準が明確になり、迷いにくくなる。
・誤解が生じにくくなる。

6 安心して元気に過ごせる学校づくり

いじめから子どもを必ず守る

本章では、「どのような家庭・学校環境のなかで生活をすると、生き抜く力が育まれやすいのか」「どのようにコミュニケーションをとっていけばいいのか」について解説してきました。基本的なことはすべてお伝えしましたので、本章の締めくくりとして、最も難しく、かつ重要な「いじめ問題の克服」について探求したいと思います。

ところで、小学校4年生から中学校3年生に至るまでの6年間で、いじめの被害を受けた経験のある子どもは、何割ぐらいだと思いますか?

答えはなんと、約9割!

国立教育政策研究所生徒指導・進路指導研究センターの「いじめの追跡調査2010-2012」[27]によると、この6年間で仲間外れ、無視、陰口といったいじめの被害を受けた経験のある子どもは9割弱、また「いじめたことがある」という加害経験のある子どももまた、9割弱いたとのこと。一部の特定の生徒だけが巻き込まれているわけではなく、「ほとんどの生徒が被害者にも加害者にもなり得る」「被害者と加害者とが入れ替わりながらいじめが進行する」というのが、今日のいじめの大きな特徴なのです。

こうしたなか、学校や親もいじめの存在を見つけることが難しくなっています。SNSなどのインターネット上のつながりも第三者には見えないため、発見の困難さを加速させる要因になっています。

いじめがこれだけ日常化し、なおかつ多くの生徒が被害者にも加害者にもなり得て、発見も困難な現状を踏まえると、個別対応だけではとても歯が立ちません。いじめの始まる場や実行される場のほとんどが学校であることが指摘されており、(28) 自分の子どもや生徒を守るための取り組みをすることが急務ですが、一体、どこから始めたらいいのでしょうか？

本章で紹介してきた「対話」「自尊感情」「自己効力感」「アサーション」「公正なルール」で学んだすべてを応用して、この問題の解決策を考えていきましょう。

1 内発的動機を引き出すように、いじめ問題の克服を考えよう

①教職員全員で、価値観を共有する

まずいじめ防止の第一歩で重要なのは、教職員全員で価値観を共有すること。なぜかと言うと、これをしないと「何のために、この問題に取り組まないといけないのか」が共通理解されないからです。

人によって意識や知識の高さも経験値もバラバラです。「いじめは悪いことだ」というのは漠然と理解できても、「でも、うちの生徒には関係ないし」「でも、他にやらなくてはいけない仕事があり、心と時間の余裕がないし」と、理由をつけて取り組みたがらない意識やモチベーションの低い人もいます。そうした人たちに対して、トップが「いじめが起きたら罰する。出世させない」というように外発的動機づけによっていじめ防止に取り組ませようとすると、いじめがあってもその発覚を恐れ、隠蔽しようとするということになりかねません。

そうならずに、意識やモチベーションの低い人たちにも「これは重要な問題で、私たちみんなが力を合わせて取り組まなくてはいけないことなんだ」という気持ちをもってもらうためには、いじめ防止のルールをトップが考え、残りの教職員に一方的に強いるという方法ではダメです。

まずは教職員全員が主体となって一緒に考え、思いを共有すること。なかには自分とは意見が異なる人もいると思いますが、それも否定せずに、「そういう見方もあるんだ」と尊重し、学び合う姿勢で語り合う。そんなプロセスを経ることが、みんなの気持ちを1つにし、取り組む意義を心から理解してもらうために重要なのです。

②健康生成志向で考える

もう1つ大切なポイントは、「いじめを予防しよう」「なくそう」といういじめに目を向けそれを取り除こうとする疾病生成志向ではなく、「安心して元気に過ごせる学校をつくろう」という安心や元気に着目した健康生成志向で考えるということです。

と言うのも、心に余裕がない人、意識の低い人、重要性を理解していない人には、こうしたポジティブなアプローチが効果をもたらすことが確認されているからです。(29) いじめに無関心な教職員の態度は、生徒に「いじめをしてもいいんだよ」という承認を与える暗黙のメッセージになる危険性があります。だからこそ、無関心な教職員を巻き込むことを意識することは、とても重要です。

それに、いじめがこれだけ日常化し、被害者と加害者が入れ替わりながら進行し、さらにSNSなどの普及によりその存在が見つけにくくなっているという現状を踏まえると、コントロール型アプローチには限界があります。

また、「このからかいがいじめに発展するかもしれない」と、常に生徒たちの一挙一動に目を光らせている教員の態度が、生徒たちに「これだけ監視されているということは、自分たちは信頼されていないのではないか」と感じさせるとともに、生徒たちもその態度を見習い、「他人を信頼できなくなる」ということになる可能性もあります。さらに、いじめという暴力を力で抑える方法は、「叱られないために、先生に見つからないようにしなくては」と考える子どもをかえって増やしてしまうことも考えられます。

だからこそ、健康生成志向な視点が必要なのです。実は、すでに国内外で、学校あるいはクラス全体を安心して元気に過ごせる場にする取り組みがおこなわれており、結果的に「いじめや不登校が減少した」との報告もされています[30・31]。

2 健康生成的にいじめ問題を克服する7つのステップ

では、具体的に、どのように進めていけばいいのでしょうか?

私は2002年から、まちや職場、学校や病院という様々な場で、安心して元気に過ごせる場づくり（ヘルスプロモーション）に取り組んでおり、数年前に「健康生成的にいじめ問題を克服する7つのステップ」を開発しました。忙しすぎて心の余裕を失っている教職員でもムリなく取り組むことができ、なおかつ、子どもも「信頼されている」と感じながら、自発的に取り組める内容です。

何度か大学生たちと実施してみたところ「健康生成的になるって大切。中学・高校のときにやりたかった」という意見が得られました。また第25回日本健康教育学会のラウンドテーブル[32]で、教職員や研究者などとディスカッションをおこない、そのよさや使い勝手を確認できたので、ここでも紹介していきましょう。

Dr.エビーナの

ワンポイント・コメント

科学的に根拠があることが証明されている心理学や行動科学、社会科学といった分野における理論を理解し、そのうえで、アプローチ方法を検討・創造すると、効果的に健康な社会づくりができるようになります。ここでは、ロスマン博士が開発した「コミュニティ開発」、グッドマン博士らが開発した「組織変容の４段階モデル」、１８６頁で紹介する内容のもとになっている「問題解決療法」を参考に、私が開発したアプローチを紹介しています。「コミュニティ開発」と「組織変容の４段階モデル」の２つの理論については、拙著で解説していますので、詳細はそちらをご一読ください[19]。

①Ｓｔｅｐ１：価値観を共有する

Ｓｔｅｐ１では前述の通り、まず教職員全員で価値観を共有しましょう。「何のために、この問題に取り組まなければならないのか」関係者全員の気持ちを話し合い、価値観を一致させていきます。

何かきっかけとなる出来事、たとえば「他校の生徒の自死がニュースになった」という場合や、教員自身が「あぁ、忙しすぎて生徒と向き合う心の余裕がない！　この学校がもっと安心して元気に過ごせる場所だったらなぁ」とふと思ったときに、そのことをまず、まわりの教職員と話し合うのです。

あなた：「明るく、成績もよかった中学生が自死したというニュース、見ました？」
同僚A：「朝食もしっかり食べて、笑顔で、家を出たらしいですよ」
同僚B：「家族に心配をかけたくなかったのでしょうね… いじめは、本当になかったんですかね？」
あなた：「どうですかね… わが校でも起こりそうで心配ですね」
同僚A：「でも、いじめ防止計画はあるし、正直、今新たなことに取り組む余力もありませんし、何か報告があったときに、しっかり取り組んだらいいんじゃないですかね」
あなた：「余力がない… そう言えば我々教員も疲れきっていて、元気に働けていないですよね。もしかすると、生徒も、教員も、学校にいる人の多くが、今、元気がないかもしれない。なんとか改善したいなぁ」

このように、まずは雑談からでいいので、「なんとか改善したい」という思いが湧いたときに、まわりと主体的に話し合うことで、お互いの気持ちや価値観を理解し合えるとともに、意識の向上につながっていくことが期待できます。最初は、席の近い教職員や気の合う者同士で話し合い、だんだん大きな輪にしていき、最終的に全教職員で話し合っていくというイメージです。最初から校長に話して、全教職員で話し合う場を設けられるようでしたら、それでももちろんかまいません。

ここでは、全教職員で話し合った結果、「子どもも、教職員も、安心して元気に過ごせる学校をつくることが本校にとって最重要課題だ」という価値観を共通認識したという例で話を進めていきましょう。

②Ｓｔｅｐ２：目標を設定する

Ｓｔｅｐ２では、そうした価値観のもと、「子どもも、教職員も、安心して元気に過ごせる学校とは、どんな学校か」を明確にし、「これから自分たちの学校をどうしていきたいのか」目標を考えましょう。

あなた：「子どもも、教職員も、安心して元気に過ごせる学校とは、どんな学校でしょう？」
同僚Ａ：「人として尊重されることは、安心な生活には欠かせないですね」
あなた：「問題があったときにも、こうやって話し合えるといいですよね」

このように、またみんなで主体的に話し合いながら、目標も決めていきます。ここでは、「誰もが人として尊重され、悩みを一人で抱え込まずに話し合うことができ、解決に向けて動ける学校にする」といった目標を設定したとします。

③Ｓｔｅｐ３：目標を達成するためのブレインストーミングをする

Ｓｔｅｐ３では、「目標を達成するために、各教職員はどう動くとよいか」自由に意見をどんどん出し合います。この段階では「現実的に実行できそうか」は考えず、どんな意見であっても否定をせずに、受け入れていきましょう。

④Ｓｔｅｐ４：ＳＭＡＲＴな行動計画をつくる

思いつく限りの意見を出し合ったら、次は、Ｓｔｅｐ４です。この段階では、Ｓｔｅｐ３で出た意見を、「ＳＭＡＲＴ」[19・33]の視点から見直していきましょう。

ＳＭＡＲＴとは、Ｓ（Specific：具体的か?）、Ｍ（Measurable：できたかどうか測定・確認できるか?）、Ａ（Achievable：難しすぎず、達成できそうか?）、Ｒ（Relevant：適切かつ、効果がありそうな行動か?）、Ｔ（Timed：限られた時間・期間内でできそうか?）から構成されています。

たとえば、「人として尊重される文化をつくる」という気合重視の行動計画をつくったとしたら、具体的ではなく、いつ、だれが、何を、どこで、どのように遂行していくのかが不明確で、結局、行動に移せないまま時間だけが過ぎるということになるでしょう。仮に、各教職員が自分なりの解釈で何かに取り組んだとしても、取り組みの効果が測りづらいため、効果も実感できず、「業務が増えてしんどいだけだった」という残念な結果を生む可能性もあります。こうしたことは、行動計画がＳＭＡＲＴでないから起こることです。

一方で、「授業中、生徒全員で、Ｓｔｅｐ１からＳｔｅｐ４までのプロセスをおこない、生徒主体の行動計画をつくる（その際、教員はファシリテーター役となる）」という行動計画だったら、どうでしょう？　これなら、「自分がどんな行動をとるのか」が具体的で（S）、できたかどうか判断でき（M）、簡単にでき（A）、生徒と一緒に考えるという行動は、適切かつ効果がありそうで（R）、限られた時間内でできるため（T）、実行に移しやすいですよね。そんなSMARTな行動を考えるのです。

小さな行動かもしれないけれど、確実に一歩、前に進める行動を考えましょう。

⑤Step5：実行する

⑥Step6：評価と見直しをする

行動計画が立ったら、今度はStep5、実行です。教職員、生徒ともに、自分たちで決めた行動計画を実行します。実行したら、その行動を記録しましょう。

一定期間、実行したら、Step4で立てた行動計画とStep5でつけた行動記録とを見比べてみましょう。

この比較が、Step6です。行動計画と行動記録とを比較してみて、計画がうまく遂行できているようであればOK！　その場合は、次のStep7に進みます。

もしうまく遂行できていないようであれば、再度、話し合いの場を設け、「どんな問題があるから、うまく進めていないのか」「うまく遂行させるにはどうしたらいいのか」をまたみんなで考え、Step4とStep5とをやり直しましょう。

⑦Step7：ルール化する

Step6で計画がうまく行動に移せていることを確認できたら、最後のStep7に進みます。ここでは、今後も継続していけるように、それらの行動をとることを学校のルールにしましょう。このように学校のルールをつくるときも、一部の人たちだけでルールをつくり、「不意に、命令的に、そのルールを強要する」のではなく、「何のために、そのルールが必要なのか」関係者全員で一緒に考え、お互いに納得したうえで、一貫性をもたせるようなプロセスで進めていきましょう。それが、「私のいる世界は、安心して頼れるものだ」という確信がもてるようになることにつながるのです（図2-6、次頁）。

Dr.エビーナの

ワンポイント・コメント

やり方を示すための例として、次頁の図2-6ではシンプルにたった1つの行動を示しています。しかし実際には、「もし、ある生徒が人として尊重されていない場面に遭遇したとき、どうするのか」「生徒に相談されたときに、どうするのか」「教職員が心の余裕をもつためには、どうするのか」など、さらなる行動を考えていってくださいね。また学校だけでなく、地域の「健康なまちづくり」と連携すると、より効果が期待できます。

図2-6　「健康生成的にいじめ問題を克服する７つのステップ」（教職員編）の例

Step 1　価値観を共有する

「子どもも教職員も安心して元気に過ごせる学校をつくることが、本校にとって最重要課題だ」という価値観を全教職員で共有する。

↓

Step 2　目標を設定する

「誰もが人として尊重され、悩みを一人で抱え込まずに話し合うことができ、解決に向けて動ける学校にする」という目標をつくる。

↓

Step 3　目標を達成するためのブレインストーミングをする

「目標を達成するために、私たちはどう動くとよいか」自由に意見を出し合う。

↓

Step 4　SMARTな行動計画をつくる

「授業中、生徒全員で、Step1 から Step4 までのプロセスをおこない、生徒主体の行動計画をつくる（その際、教員はファシリテーター役となる）。

↓

Step 5　実行する

教職員、生徒ともに、Step4 で決めた行動計画を実行する。行動記録をつける。

↓

Step 6　評価と見直しをする

Step4で立てた行動計画、Step5でつけた行動記録とを見比べる。

（うまくいっていない → Step 4へ）

↓ うまくいっている

Step 7　ルール化する

Step6で行動計画がうまく遂行できていることを確認したら、今後も継続しておこなっていけるように、それらの行動をとることを学校のルールにする。

Try

生徒主体の「健康生成的にいじめ問題を克服する7つのステップ」トレーニング

では、授業中、生徒と一緒に、「健康生成的にいじめ問題を克服する7つのステップ」を実際にやってみましょう。このとき教員は、ファシリテーター役を務めてください。

まずは、クラス全員で価値観を共有しましょう。「何のために、この問題に取り組まなければならないのか」生徒全員の気持ちを話し合い、価値観を一致させていきましょう。一致させたら、ワークシート（図2-7、次頁）の①にその価値観を書いてください。

次に、そうした価値観のもと、「1年後、自分たちの学校をどうしていきたいのか」目標を考えましょう。目標が定まったら、②に記入してください。

それから、「目標を達成するために、各生徒はどう動くとよいか」自由に意見を出し合いましょう。出された意見は、すべて貴重な情報として受け止め、③に記入しましょう。

思いつく限り意見を出し合ったら、次は、それらの意見を、SMARTの視点から見直しましょう。それは、具体的で（S）、実行できたかどうか測定・確認できて（M）、難しすぎず、達成できそうで（A）、適切かつ、効果がありそうで（R）、すぐにできる（T）行動ですか？　小さいかもしれないけれど、確実に、一歩前に進める行動を考えましょう。いつ、だれが、何を、どこで、どのような行動をとるか決めたら、④に記入しましょう。

行動計画が立ったら、今度は実行です。生徒、教員ともに、自分たちで決めた行動計画を

図2-7　「健康生成的にいじめ問題を克服する７つのステップ」ワークシート

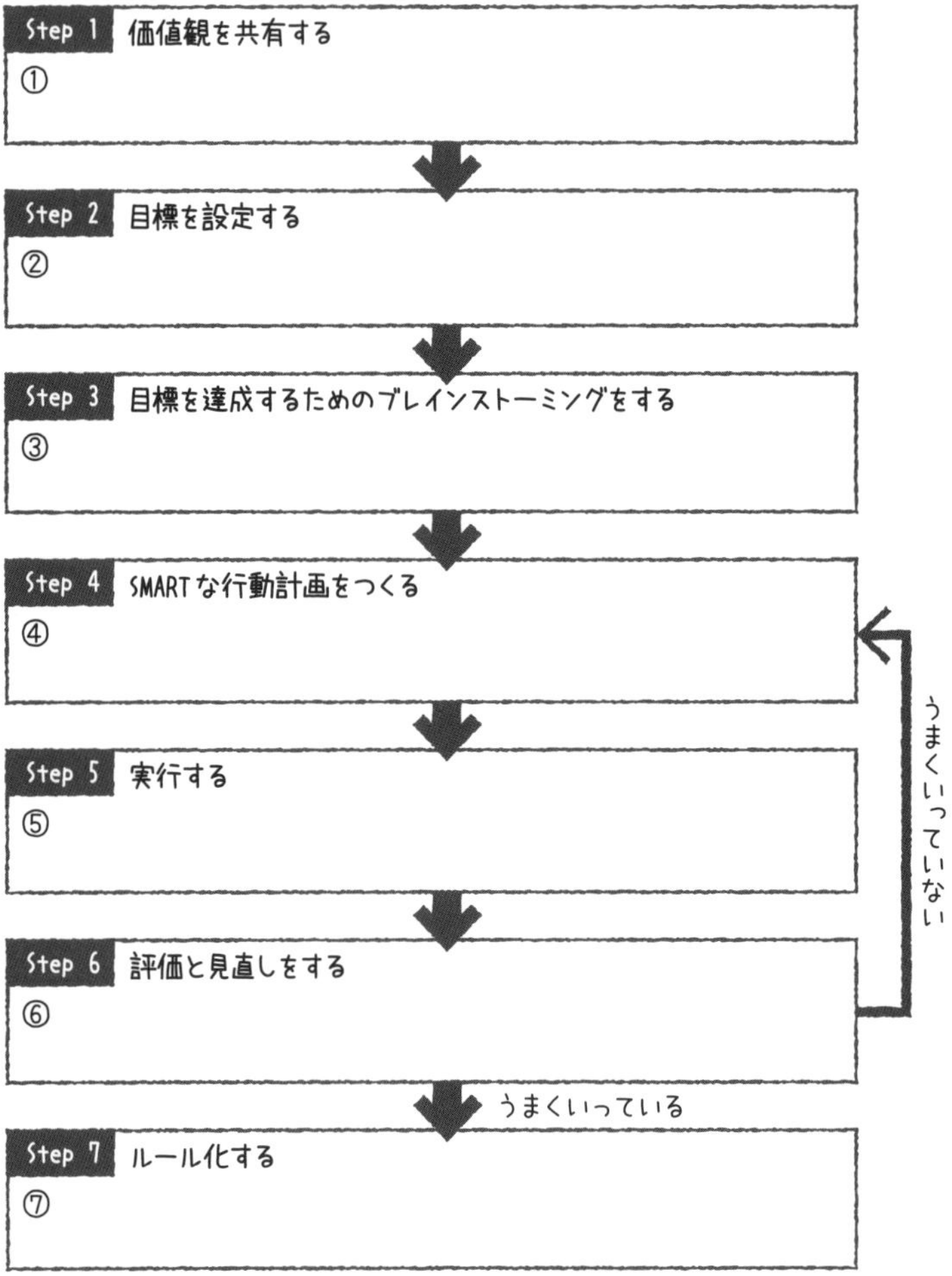

実行します。いつ、だれが、何を、どこで、どのようにしたか、⑤に記録をとりましょう。

1か月程度実行した後、④に記入した行動計画と⑤に記入した記録を比べてみましょう。比べた結果、うまく遂行できていればOKです！　その場合は、Ｓｔｅｐ７に進みましょう。うまくいっていないことがあれば再度、話し合いの場を設け、「どんな問題があるのか」「うまく実行していくにはどうしたらいいのか」またみんなで見直し、Ｓｔｅｐ４とＳｔｅｐ５とをやり直しましょう。

うまく遂行できたら、さいごに、今後も継続しておこなっていけるように、それらの行動をとることをクラスのルールにしましょう。そしてその内容を、⑦に記入しましょう。

《本トレーニング実施後、期待できること》

- 教員と生徒のお互いの気持ちや価値観を理解し合える。
- 「安心して元気に過ごせる学校づくり」への意識を高めることができる。
- お互いの意見をまとめていく力がつく。
- 一貫性のある考え方を身につけることができる。
- 計画を行動に移す力が身につく。
- 「私のいる世界は、安心して頼れるものだ」という確信がもてるようになる。
- いじめが発生しにくくなる。

第3章

「生き抜く力」の高い人になるために、子ども自身ができること

第2章では、「生き抜く力」を育むために家庭・学校で取り組みたいことについて解説してきました。こうした環境づくりと同時に、子ども自身が「苦しい感情にさいなまれたとき、悲観的になったとき、将来に不安を感じたとき、うまくいかない問題を解決したいときなどに、どうすればいいのか」を理解し、実行するスキルを身につけることで、さらに効果的に「生き抜く力」を育むことができます。そこで、本章では、「生き抜く力の高い人になるために、子ども自身ができること」を説明していきます。

実は、親や教員などまわりの大人と子どもの「生き抜く力」の高さは関係しています。「まわりの大人の生き抜く力が高いと、子どもの生き抜く力を高める環境づくりにつながり、結果的に子どもの生き抜く力も高まる」と言われています。せっかくなので、この機会に、まずあなたが本章に書かれている内容をマスターし、自身の「生き抜く力」を高めましょう。それから、子どもに指導をしましょう。

第2章同様、家庭や学校で簡単にできるトレーニングも紹介しています。それぞれのトレーニングを紹介しているところに書いてあるセリフをそのまま音読すると、子どもに指導できるようになっていますので、簡単に取り組めるはず！

1 マインドフルネス
心穏やかに、「今」を充実させる

「あぁ、この現状が嫌だ」と思うとき、咄嗟に、嫌な感情が湧いてきますよね。ストレスにうまく対処するためには、そうした感情に振り回されることなく、うまく付き合えることが重要です。でも、イライラしたり不安になったりしたとき、興奮して落ち着けないとき、痛みがあるとき、時間に追われ焦っているとき、なんだか心がざわついたり、モヤモヤするときなど、どうしたら心穏やかになれるのでしょうか？

1 マインドフルネスとは

感情とうまく付き合うポイントは、今、自分の内面で起きていることに注意を向け、ありのままを観察することにあります。

呼吸をはじめ、〝今この瞬間〟に、無意識にしていること、身体の中で起きていることに注意を向け、冷静に受け止める。すると、心がスーッと落ち着いてきます。このことを専門用語では、「マインドフルネス」と言います。心理学の領域では「マインドフルネスとは、ある特定の方法で注意を向けること：意図的に、今この瞬間を、判断することなく」と定義づけられています[1]。

マインドフルネスを実践することでストレスを減らす方法は、1979年、ジョン・カバットジン博士が、マサチューセッツ大学医学部に創設されたストレス低減クリニック（後に、医療・ヘルスケア・社会のためのマインドフルネス・センターに改名）にて慢性疼痛に悩む患者を対象に実施し、その効果が科学的に実証されたことから広がりを見せました。

現在では、ストレスや不安、うつ病の症状の低減、高血圧の症状の低減や薬物依存患者への支援といった心身の病気の治療の一環として、マインドフルネスを取り入れている保健・医療機関や、感情とうまく付き合い、集中力や仕事の効率を高めるためにマインドフルネストレーニングを取り入れたりする学校や企業が増えています。

マインドフルネスには、呼吸に注意を集中する「呼吸瞑想」、呼吸から全身、音、感覚、思いや感情に注意を集中する「静座瞑想」、つま先から頭まで順番に注意を集中させていく「ボディー・スキャン」、動作のなかで身体に注意を集中していく「ヨーガ瞑想」、食事や歩行といった日常の生活動作に意識を集中させていく「生活瞑想」などがあります。

ここでは、呼吸瞑想をお伝えしていきます。心と身体をつなげてくれる呼吸から入るのが、わかりやすいからです。呼吸は、「いつも一緒にいてくれる親友」であり、「今の自分の様子を映し出してくれる鏡」のようなものです。びっくりしたとき、呼吸は止まってしまうし、どうしていいかわからないときはドキドキし、呼吸も浅く速くなります。そんな呼吸の声を聞いてあげることを習慣づけると、「私の身体は、普段はこんな動きをしている」「こういうときには、こういう形で反応する」と、自分の内面の状態への理解が深まります。

こうしたことは頭でいろいろ考えるよりも、実践することでそのよさを体感的に理解することができます。この度、慢性疼痛や心臓病、心的外傷後ストレス障害（ＰＴＳＤ）などの患者への支援および介入研究をされてきた大阪大学大学院の岩田昌美氏に、３分あれば簡単にできる、家庭・学校用「呼吸瞑想」トレーニングを考案していただきましたので、早速、紹介しましょう。

2 「今、ここ」に意識を向ける呼吸瞑想

まず身体の力を抜いて、椅子にゆったりとした姿勢で座ってください。椅子に触れているお尻や太ももの裏側の部分に意識を向け、左右横に揺れて、しっくりくる座りやすいところを探していきましょう。両手は身体の横や腿の上などラクなところに、置いてください。

できれば軽く目を閉じてみましょう。それから身体の中にある空気をゆっくり吐いて、

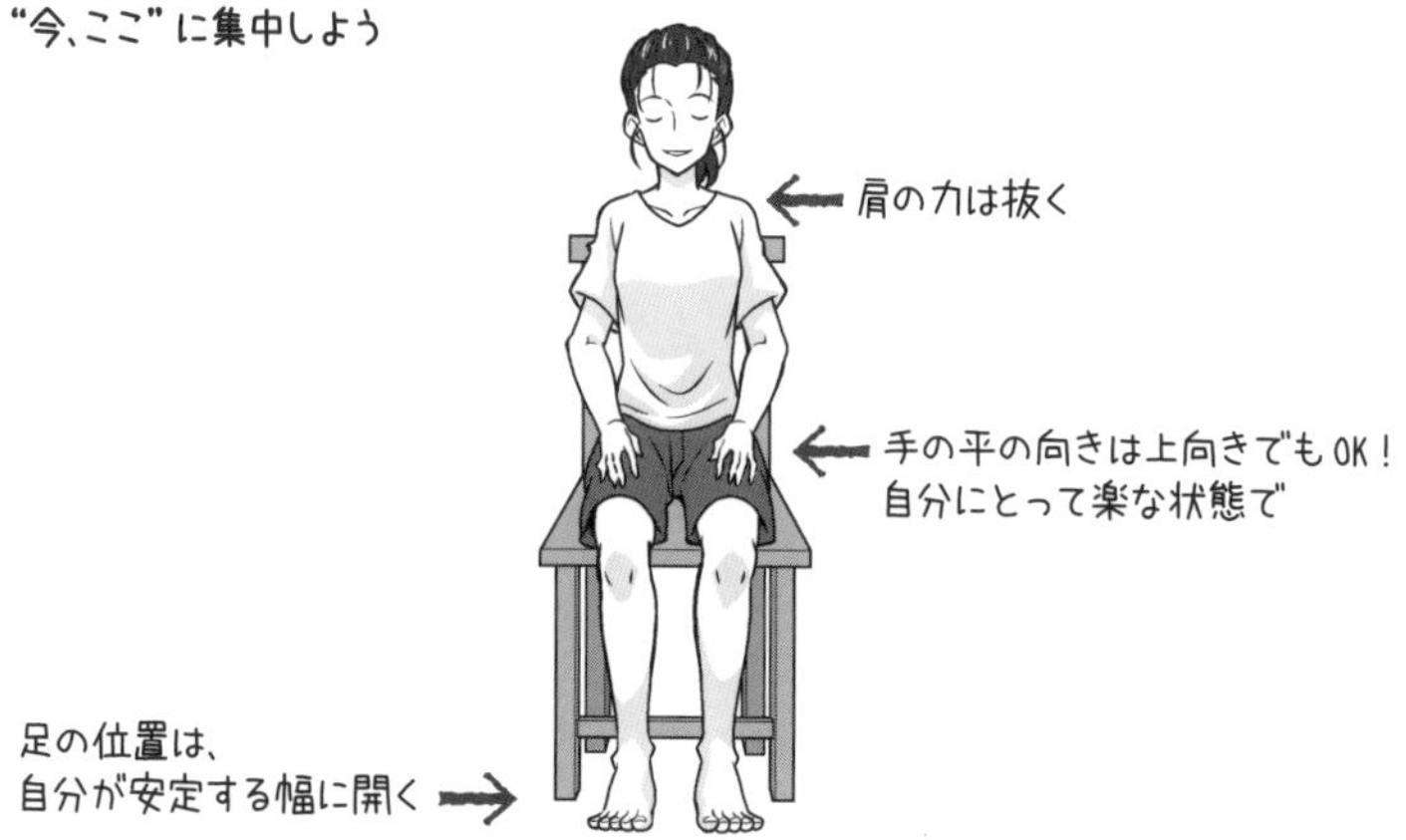
“今、ここ”に集中しよう
肩の力は抜く
手の平の向きは上向きでもOK！
自分にとって楽な状態で
足の位置は、
自分が安定する幅に開く

気持ちのいい長さで鼻から吸って、吐いて。「長く吐こう」「たくさん吸おう」とはせずに、ホッとする心地のよい呼吸を探しましょう。

では次に、鼻の先に意識を向けて、鼻から出入りする空気の音を聞いてみましょう。外からいろんな音が聞こえてくるかもしれませんが、自分にしか聞こえない、小さな呼吸の音を聞いてみましょう。

今度は、温度を感じてみましょう。鼻から入る空気の温度はどうですか？　鼻から出ていく空気の温度はどうですか？　入る空気の温度と出ていく空気の温度は、同じですか？　それとも違いますか？

鼻から入った空気は、身体のどこを流れていきますか？　胸が膨らみ、お腹が膨らみますか？　それともお腹が膨らんでから、胸が膨らみますか？　同時に膨らむこともあるかもしれません。よくわからない場合は、片方の手を胸に、もう片方の手をお腹に当ててみましょう。波のように動く身体の様子を、しばらく感じてみましょう。胸やお腹に当てた手は、そのままでもいいですし、ラクな位置に戻してもいいですよ。

今度は、呼吸のリズムを感じてみましょう。今の呼吸のリズムはゆっくりですか？ それとも速いですか？ 今の呼吸は、深いですか？ それとも浅いですか？ 呼吸と一緒に動いている身体の様子を感じてみましょう。

途中で別のことが頭の中に入ってくるかもしれません。自然なことです。考えていることに気づいたら、また、呼吸に意識を戻しましょう。意識をどこに向けるかは、自分で選ぶことができます。

では、意識を鼻先に戻しましょう。鼻の先を出入りする空気の音や温度を感じましょう。

はーい。では、呼吸を3回ほどして、ゆっくり瞬きをしながら目を開けてください。

いかがでしたか？ 今の身体の感じや呼吸のしやすさ、気分はどうですか？

身体と向き合っている間に、自動的に頭の中でおしゃべりが始まり、様々な考えが湧いてくるかもしれません。それはとても自然なことです。でも、それに巻き込まれないように、「アッ！ 私、別のことを考えている」と気づいたら、また、意識を呼吸や身体に向けましょう。大切なのは、「アッ！」と気づく、そしてまた〝今、ここ〟に集中することです。実は、このように、別のことを考えていることに気づき、意識をコントロールできるようになると、ストレスの原因と距離をとることができるようになります。つまり、感情に飲み込まれることなく、うまくストレスと付き合えるようになるのです。

家庭・学校用「呼吸瞑想」トレーニング

さぁ、それでは「呼吸瞑想」トレーニングをやってみましょう。子どもとやるときは、161頁〜163頁のアミかけした部分の文章をそのまま声に出して読むと、指導できるようになっています。

実施したとき、普段、自分がどんな呼吸をしているか、理解できましたか？　今、どんな気分ですか？

《本トレーニング実施後、期待できること》

・普段、意識をしないでおこなっている「自動的な呼吸」が理解できるようになる。

・心が落ち着く。

・意識をコントロールできるようになる。

・感情に飲み込まれることなく、うまくストレスと付き合えるようになる。

Dr.エビーナのワンポイント・コメント

呼吸には、普段、意識をしないでおこなっている「自動的な（自然な）呼吸」と、意識をしておこなう「意識的な呼吸」があります。家庭・学校用「呼吸瞑想」トレーニングは、自分の「自動的な呼吸」を理解することを目的としたものです。リラックスすることを目的とした深呼吸や腹式呼吸などの呼吸法はすべて、「意識的な呼吸」です。まずは、自分の「自動的な呼吸」を理解し、もし普段より呼吸が速かったり、浅かったりするようであれば、意識的に呼吸することが重要なのです。

3　普段の生活のなかにマインドフルな時間をつくろう

マインドフルネスは、「日々マインドフルに生きる」という形で取り入れることもできます。たとえば、電車の中でつり革をもって立っていて、イライラがおさまらないというようなことがあったとします。そんなときには、軽く目を閉じ、床に接している足の裏の感覚やつり革をもっている手の平の感覚、今の「自動的な呼吸」に意識を向けましょう。そしてもし、その呼吸が速かったり、浅かったり、止まっていたりしていて、普段と違う状態に気づいたら、1回大きく深呼吸をしましょう。このように意識的に深呼吸をすることで、心は落ち着きを取り戻すものです。

また、食いしん坊の私からのオススメは、食事をするときにおこなう「マインドフルネス」。食べ物を口に入れる前に、いろいろな角度から見て、触って、匂いを嗅ぎ、そっと口に入れてみる。目を閉じて舌触りに意識を向けてから、噛んでみる。そしてその香りや味わい、感触や温度の変化を感じ、飲み込むときの喉ごしや、飲み込んだ後、その食べ物がどこに行くのかも感じる。そのような食事をすることも、気づきの深まりにつながります。テレビやスマホなどを見ながら適当に食べるのではなく、食事も、五感を使いながらいただきましょう。

私たちの身体は普段、休むことなく働き続けてくれています。その働きに意識を向けてあげることこそが、自分を理解し、愛おしむ第一歩なのです。

Try

マインドフルな時間をつくるトレーニング

マインドフルな生活を心がけましょう。イラついているとき、焦っているとき、つらいときなど、何かあったら、一旦立ち止まって、身体と呼吸に意識を向けましょう。

肩や奥歯に力が入っていませんか？　もし気づいたら、ゆっくりと息を吐きながら、力を抜いてみましょう。

普段、意識をしないでおこなっている「自動的な（自然な）呼吸」にも意識を向けましょう。もし、呼吸が速かったり、浅かったり、止まっていたりして、普段と違う状態に気づいたら、1回大きく深呼吸をしましょう。するときっと、心は落ち着きを取り戻すでしょう。通勤・通学の電車の中や、ちょっとした待ち時間にやってみてもいいですね。もちろん、何もなくても、仕事や勉強前にこのトレーニングをすることで集中力が増すので、オススメです。

食事も、五感を使いながらいただきましょう。

《本トレーニング実施後、期待できること》

・心が落ち着く。
・意識をコントロールできるようになる。
・感情に飲み込まれることなく、うまくストレスと付き合えるようになる。
・〝今、ここ〟での瞬間が充実する。

2 現状をありのままに理解するスキル
もう悲観的にならない

ここまでは、感情に飲み込まれないようになるためのスキルを身につけていただきました。今度は、現状をありのままに理解するトレーニングを紹介します。

実は、私たちの感情や行動は、「何が起きたか」という実際に起きた出来事から生じるのではなく、「その出来事をどう解釈したか」というとらえ方によって変わるものです。現状を、過大評価も過小評価もすることなく、ありのままに理解することができると、悲観的になって思い悩むことも、過剰に楽観的になって失敗経験を繰り返すことも避けることができます。だから、起きた出来事を適切に認知するスキルを身につけることが重要なのです。

1 劇的な成果をあげた多くの実績をもつ「ABC理論」

「私たちの感情や行動は、実際に起きた出来事から生じるのではなく、とらえ方によって変わる」ことを説明した「ABC理論」という理論があります。この理論は、アルバート・

エリス博士によって１９５０年代半ばに開発され、認知行動療法というすでに効果が立証されている心理療法や、レジリエンスの向上を目的とした多くのプログラムで活用されています。ＡＢＣ理論のＡＢＣは、Ａ（Activating event / Adversity：出来事や逆境）、Ｂ（Beliefs:信念や非合理的な思考）、Ｃ（Consequences：結果）の頭文字から成り立っています。

たとえば、「放課後、駅で生徒を見かけ、手を振ったのに、その生徒は無反応だった」という出来事があったとします。このとき、「無視された」と思うか、「こっちを見ているように感じたけど、気づかなかったんだろう（見えていなかったんだろう）」と思うか。自分が自動的におこなってしまう思考パターン（信念）によって、「その後、その生徒のことをどう思うか」やその生徒への接し方が変わります（図3-1、次頁）。

つまり、「無視されたのは、嫌われているからに違いない」という信念を抱いてしまったら、悲しくなったり、落ち込んでしまったり、あるいは「可愛くない生徒だ」と腹立たしくなったり…、さらには「なんで嫌われたんだろう」「これからあの生徒とどう接していこうか」と悩んだりする結果につながってしまうでしょう。

一方、生徒が無反応だったときに、「気づかなかったんだろう」という信念を抱いたら、結果はどうなるでしょう？　きっと、悲しみや落ち込みといったネガティブな感情にさいなまれることなく、その生徒との接し方に別段悩むこともなく、今後も普通に接していくという結果になるでしょう。

図3-1　出来事、とらえ方、感情・行動の関係

このように、ある出来事について「咄嗟にどのように思うかで、どんな感情を抱くか、その後、どんな行動をとることになるか」が変わるのです。当然、「無視されたのは、嫌われているからに違いない」とネガティブに、非合理的にとらえるクセがあると、日々のストレスを感じる頻度は高まります。

このため、何か嫌なことが起きたときに、自分が「必要以上にネガティブにとらえてはいないか」を振り返り、もし必要以上にネガティブにとらえているようであれば、そのことに気づき、ありのままに現状をとらえられるようになることが重要なのです。

2　ＡＢＣの後にはＤとＥがある

ここまでの説明で、私たちの感情や行動が、実際に起きた出来事から生じるのではなく、とらえ方によって変わることがご理解いただけたことと思います。ただ、自分が非合理的にとらえるクセがあることに自ら気づき、見直すのは難しいですよね。

そんなとき、役に立つのが、Ｄ（Disputes：反論）です。ＡＢＣ理論のＡ、Ｂ、Ｃのプロセスの後には、実は、ＤとＥもあるのです。

では早速、Ｄ（反論）から説明しましょう。反論では、「〜に違いない」などと思い込んだ（Ｂ：信念や非合理的な思考）のに気づいたら、「なぜそう思ったのか」、そう思うに至った根拠と、それを覆す反証を挙げ、合理的な思考を生み出していきます（図3-2）。

たとえば、前述の「放課後、駅で生徒を見かけ、手を振ったのに、その生徒は無反応だった」という事例で、「無視されたのは、嫌われているからに違いない」と思った場合、そう思うに至った根拠としては、「授業中に目が合ったときにも、うっとうしそうな表情をされた」という事実があるかもしれません。そのような、「その生徒は自分を嫌いに違いない」と思う根拠となる事実や経験談をすべて書き出してみるのです。

次に、その根拠を覆す証拠、すなわち反証を挙げます。たとえば、「しかし先週は、向こうから挨拶をしてくれた」といった具合に、先ほど挙げた根拠に合わない現状や過去の経験などをここでは書き出します。

うまく反証が見つけられない場合には、もしあなたの友人が、「自分は手を振ったのにあの生徒はそれを無視した。自分を嫌いに違いない」と言っていたら、あなたは何と声をかけるか、という視点で考えてみてください。また、あなたが友人に同じことを言った場合、友人はあなたに何と声をかけるだろうか、という視点でも考えてみましょう。このように、少し視野を広げることで、反証は見つかりやすくなります。

そうして根拠のリストと反証のリストを見比べると、何か気づきが生まれるはずです。比較するときに、「その生徒は自分を嫌いに違いない」という言葉の後に、「確かに、今日、駅で手を振ったとき、あの生徒は無反応だったし、授業中に目が合ったときにも、うっとうし

図3-2　ABCとDEの流れ

A　出来事/逆境

放課後、駅で生徒を見かけ、手を振ったのに、その生徒は無反応だった。

↓

B　信念

「無視されたのは、嫌われているからに違いない」と考えた。

↓

C　結果

感情	行動
悲しくなった。落ち込んでしまった。「可愛くない生徒だ」と腹立たしくなった。	「なんで嫌われたんだろう」「これからあの生徒とどう接していこうか」と悩む。

↓

D　反論

根拠	反証
確かに、授業中に目が合ったときにも、うっとうしそうな表情をした。	しかし、先週は向こうから挨拶をしてくれた。

↓

合理的な思考

今日、たまたまあのような行動をとられただけで、あの生徒に嫌われているというのは、考えすぎかもしれない。

↓

E　効果

感情	行動
悲しみや落ち込み、苛立ちがおさまった。	「先週は好意が見られたのに、今日あのような行動をとったというのは、何かがあったのかもしれない。あるいは、ただ恥ずかしかっただけかもしれない。念のため、ここ数日は、特に目をかけておこう」と決める。

そうな表情をされた（根拠）。しかし、先週は向こうから挨拶をしてくれた（反証）」とつなげて考えてみると、頭が整理されやすくなるのでオススメです。(2)

すると、「今日のあの生徒の態度は、自分にとって好意的とは言えないけれど、先週は好意が見られた。今日、たまたまあのような行動をとられただけであって、あの生徒に嫌われているというのは、考えすぎかもしれない」といった合理的な思考が生まれやすくなります。「このように合理的に考えたことで、感情や行動にどんな変化が見られたか」が、E（Effects：効果）です。

たとえば、「悲しみや落ち込み、苛立ちがおさまった」と感情面に効果が見られるかもしれません。あるいは、「先週は好意が見られたのに、今日、あのような行動をとったというのは、何かがあったのかもしれない。あるいは、ただ恥ずかしかっただけかもしれない。念のため、ここ数日は、特に目をかけておこう」と決めるという行動面の効果が見られることもあります。

Try 現状をありのままに理解するトレーニング

最近あった嫌なことを思い出してみましょう。そして、何があったのか、その出来事を、図3-3（176頁）の①に書いてください。このとき、「いつ、どこで、誰が、どのように、何をしたのか」を、できるだけ客観的に書きましょう。

それから①の出来事が起きたとき、どんなことを瞬間的に思ったか、②に書いてください。そのとき、どんな気持ちになりましたか？　その感情を③-aに書いてください。また、自分がどんな行動をとったのかを③-bに書いてみましょう。

では今度は、なぜ②のように思ったのか、そう思うに至った根拠となる理由を考えてください。そして思い当たる理由をすべて④-aに書きましょう。それから、根拠を覆す反証を考えて、④-bに書いてください。

そして根拠のリストと反証のリストを「確かに、④-aだった。しかし、④-bということもある」というようにつなげて、読んでみましょう。「そのうえで、どう思ったか」を④-cに書いてください。

さぁ、③-a、③-bのときから、感情や行動に変化はありましたか？「今、どのような気持ちになったか」を⑤-aに、そして「どんな行動をとろうと思ったか」を⑤-bに書いてください。

図3-3　現状をありのままに理解するワークシート

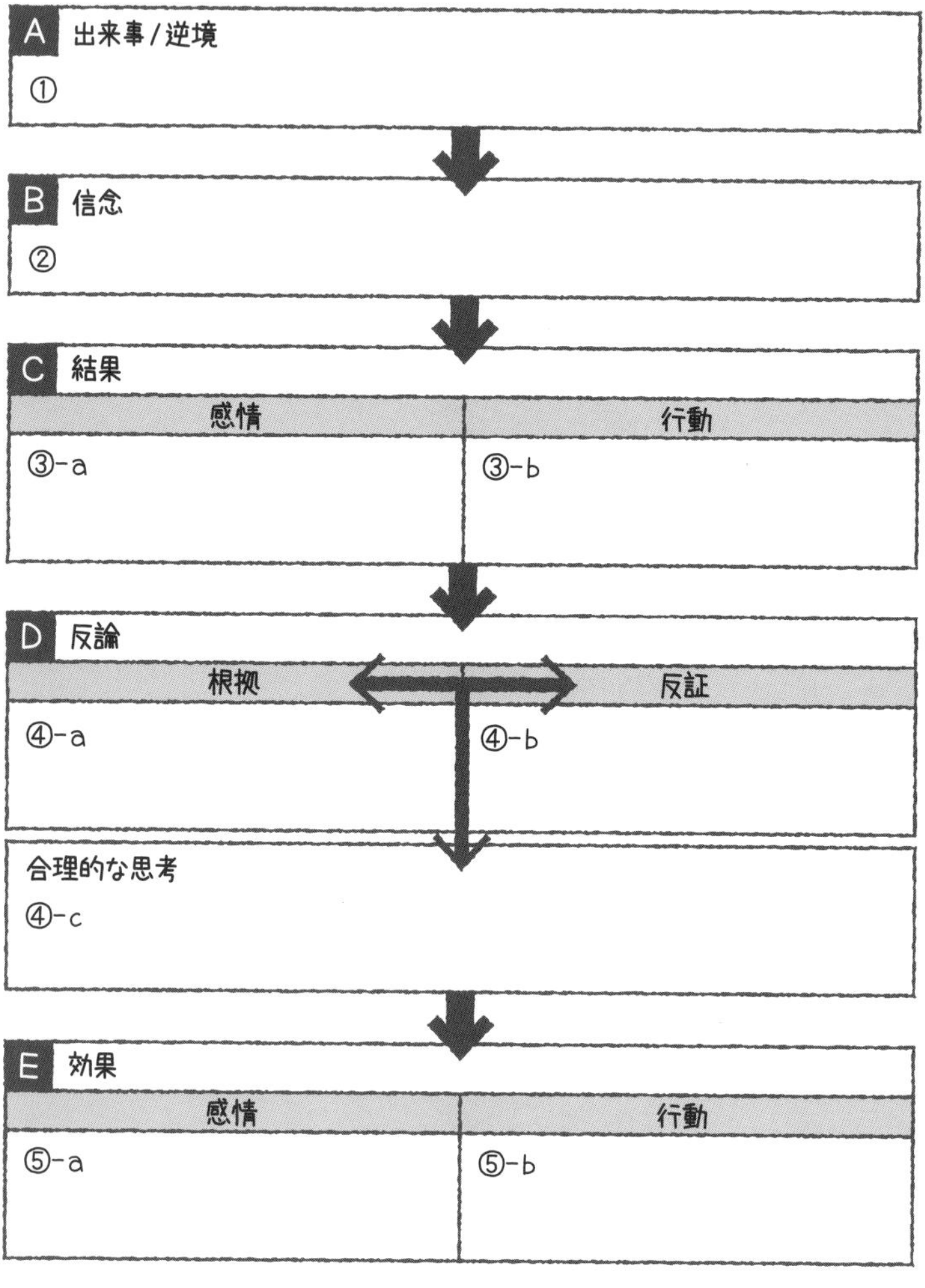

《本トレーニング実施後、期待できること》

・起きた出来事そのものではなく、自分のとらえ方が、今の感情や行動をもたらしていることに気づける。
・「ストレスを感じる出来事が起きたとき、自分がどんなことを瞬間的に思うのか」がわかる。
・「その出来事が起きたとき、なぜその感情が湧いたり、その行動をとったりしたのか」に気づける。
・合理的な思考を導き出し、現状をありのままに理解できるようになる。
・ネガティブな感情が（少しは）おさまる。
・前向きな行動へとつながりやすくなる。

Dr.エビーナの

ワンポイント・コメント

学校でこのトレーニングをおこなう場合、時間の都合もあるので授業で1回実施するくらいでOKです。ただ、そのときには必ず、これからの生活のなかで悲観的になることがあったらこのトレーニングをやるように、生徒にすすめてくださいね。

3 合理的な予測力
ムダな不安を感じにくくなる

現状をありのままに理解できるようになったら、今度は「予測力」を鍛えましょう。このときに重要なのが、ストレスとなる出来事が起きた後、「これから何が起きるか」について合理的に予測できること。なぜなら、合理的な予測ができないと、実際には起きる可能性の低いあらゆるひどい出来事を想像し、それについて心配したり、不安を感じたりして疲弊してしまい、適切な行動がとれなくなるからです。

1 思考の連鎖の落とし穴に気づく

たとえば、あなたの娘の帰宅がいつもより1時間遅いとします。最初は「遅いなぁ。どうしたのかな」と思っていただけでしたが、「こんなに遅いなんておかしい」と不安になり、電話をかけてみたのですが、つながりません。「着信履歴が残っているはずなのに、かけ直してこないなんて、おかしい」「そう言えば、もうすぐ受験。この時期、ストレスがたまっている子が多いから、そうした子たちが何か事件を起こしたのかも。うちの娘は、それに巻き込まれたんだわ」「もしかして、誘拐されたんじゃ…。きっとそう！　監禁されてるから、私の電話にも出られないんだわ」「もしかすると、もう殺されているのかも。あぁ、どうしよう」などと、極端に悪い方、悪い方へと予測し、不安をどんどん大きくさせてしまいました。

そんな不安でいっぱいになっているところに、娘がのん気な顔をして帰宅したら…。ホッとすると同時に、「こんなに心配させて！」と怒りを爆発させてしまい、それに対して娘も「1時間遅れたくらいでそんなに怒らなくたっていいじゃん」と反抗し大ゲンカ、なんてことになりかねません。

このように「将来、あんな悪いことやこんな悪いことが起こる」という思いが、次から次へと湧いてきて、極端にネガティブな将来を予測し、不安を膨らませてしまう（そして、適切な行動がとれずに、ろくな結果にならなかった）ということは珍しいことではなく、誰でも経験があると思います。

こんなとき、どうしたら、自分の中の合理性を取り戻せるのでしょうか？　ポイントは、その「最悪のケース」が将来起こる可能性を見積もることにあります。「その最悪のケースが実際に起こる確率は、どれくらい？」と自分自身に問いかけてみるのです。

すると、「ストレスのたまった子どもたちが事件を起こす確率は、1千分の1」「娘が事件に巻き込まれる確率は、1万分の1」「娘が監禁されている確率は、10万分の1」「娘が殺さ

図3-4　最悪のケースが起こる可能性

れている確率は、100万分の1」というように、思考の連鎖の後ろに出てくるものほど、実際に起こる確率が低くなり、現実には起こりにくいことであると気づくでしょう（図3-4）。

また、このように書き出してみると、「娘の帰宅が、いつもより1時間遅いからといって、事件に巻き込まれたとは限らない」と思いませんでしたか？

私たちは動揺すると、つい悪い方、悪い方へと、極端に飛躍した思い込みを抱いてしまいがちです。ところがそこで「今、想像している将来の悲劇が、実際に起こる可能性はどれくらいか」や、「思考の連鎖に論理的な飛躍がないか」に考えを向けることができると、心を落ち着かせることができるのです。

表3-1　思考の連鎖の落とし穴に気づくワークシート

①（　　　　　　　　　　　　　　　　　　　　　　　）

最悪のケース	実際に起こる可能性は？

Try 思考の連鎖の落とし穴に気づくトレーニング

「将来、あんな悪いことや、こんな悪いことが起こる」という思いが次から次へと湧いてきて、極端にネガティブな将来を予測してしまったときにやってほしい、心を落ち着かせるトレーニングを実践してみましょう。

今、不安に思っていることを思い出してください。そして「どんなことがあったから、そんな気持ちになったのか」、その出来事を、まず**表3－1**の①に書いてください。

それから、今、「将来、こんな悪いことが起こるだろう」と悲劇を想像していると思いますが、その内容をすべて、表の左の「最悪のケース」の欄に書いていってください。

それから、各項目の右隣の「実際に起こる可能性は？」の欄に、「大体どれくらいの確率で、そうした事態が起こりそうか」を書いていってください。

さぁ、では、今書いたものをあらためて見てみましょう。「なんだ。こんな実現可能性の低い問題を心配していたんだ」とか、「もっともな論理だと思ってたけど、なんだか飛躍しすぎていたな」ということに気づけたのではないでしょうか？

《本トレーニング実施後、期待できること》

・自分が、現実には起こりにくいことを予測し、不安を抱いていることに気づける。
・自分の思考の連鎖に、論理の飛躍があることに気づける。

2 予測力を鍛える3つのステップ

「娘の帰宅がいつもより1時間遅い」という出来事があり、どんどん考えを進めていくうちに、「殺されている」という予測に至るというのは、客観的に見ると、度がすぎてあきれたものに感じられるかもしれません。しかし、頭が混乱している当事者にとっては、それが実に理にかなったものに感じられることもあります。

つまり、先ほどの「思考の連鎖の落とし穴に気づくトレーニング」をしても、その悲劇が実際に起こる可能性を高く見積もってしまい、「自分が、現実には起こりにくいことを予測している」「自分の論理は飛躍している」ということに気づけないこともあるのです。

そんなときには、どうすればよいのでしょう？　ポイントは、思いきって、「最高のケース」を考えてみることにあります。最悪のケースと同じく、実現可能性の低い、突飛なことをほんの数分空想することで、脳内の絶望的に考えてしまう部分のスウィッチが切れます。すると、将来「最も起こりそうなこと」について、より明瞭に考えられるようになるのです。

先ほどの事例で言えば、最初に頭に浮かんだ最悪のケースは、「殺されている」でした。でも、思いっきり楽観的にこの事態を見ると、どんな可能性があるでしょう？　「こんなことが起きたらいいな。実際に起きる可能性は、ゼロではないよね」と、一見、能天気すぎて自分自身あきれてしまうような最高のケースを考えてみましょう。すると、「科学技術を競う世界大会への出場が決まり、そのプレゼン内容について、担任と戦略を練っている」ということを思いつくかもしれません。

それから、最悪のケースと最高のケースを見比べてください。「娘の帰宅がいつもより1時間遅い」という現実があったとき、最悪のケースも最高のケースのどちらも、少々極端な、飛躍しすぎた予測だということに気づけるでしょう。

この場合、「最も起こりそうなこと」は、「図書館で勉強している」「友達と話し込んでいる」（だから電話にも出られなかった）といったところではないでしょうか。つまり、予測力を鍛えるためには、まず最悪のケースと最高のケースを挙げ、将来起こり得ることを広い

図3-5　予測力を鍛える3つのステップ

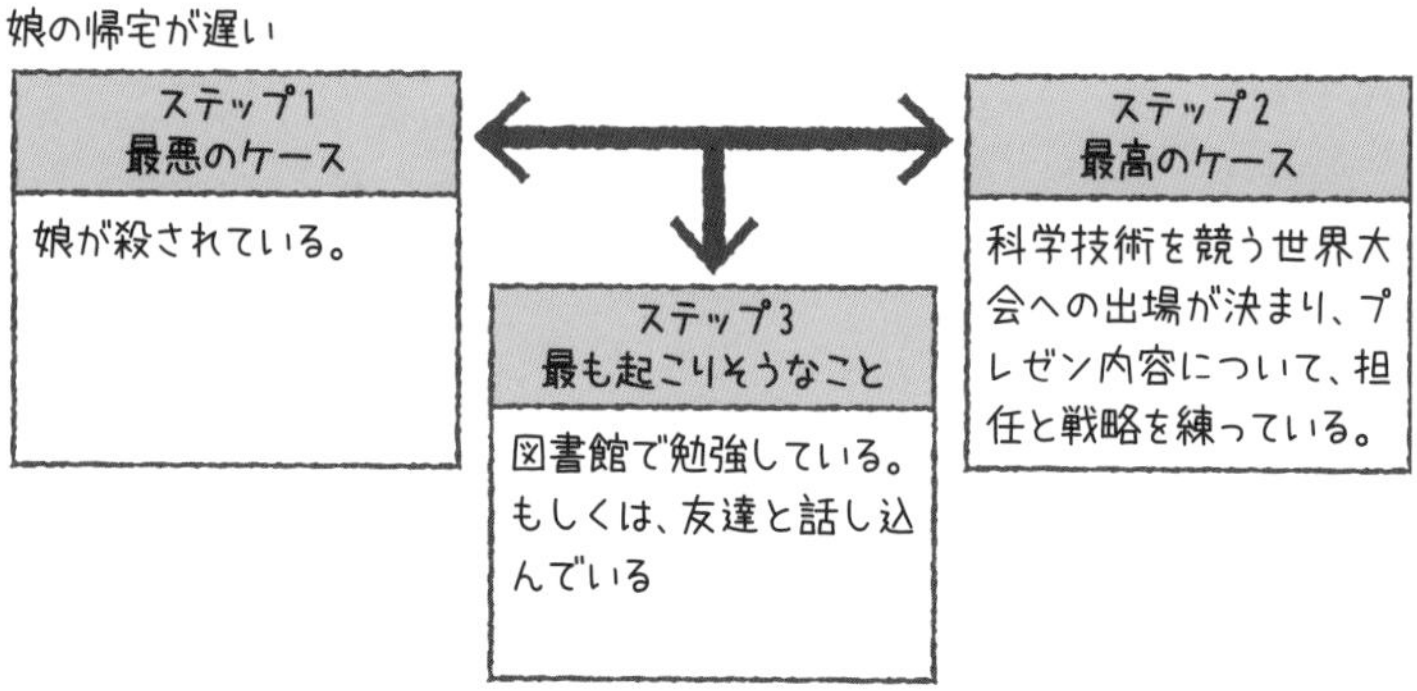

視野で把握したうえで、「最も起こりそうなこと」を導き出していくことが重要なのです（図3－5）。

Try　予測力を鍛えるトレーニング

今、不安に思っていることはありませんか？　どんなことがあったから、その不安を抱いているのですか？　その不安の原因となっている出来事を、まず図3－6の①に書いてください。

それから「近い将来、どんな最悪な事態が起こりそうか」、そんな将来予測される最悪のケースを、表の②に書いてください。

今度は思いっきり楽観的にこの事態を見ると、どんな可能性があるか、考えてください。一見、能天気すぎて自分自身あきれてしまうような、「こうだったらいいな」と思える最高のケースを、表の③に書いてください。

図3-6　予測力を鍛えるワークシート

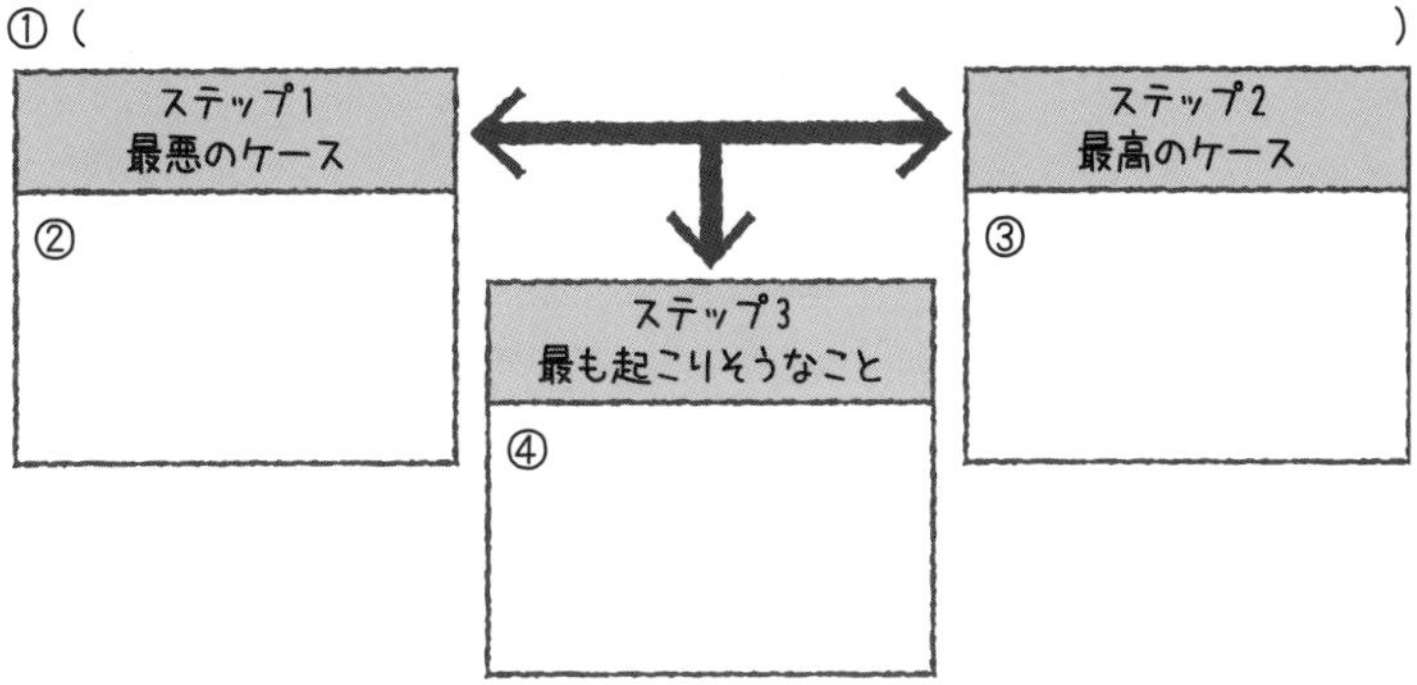

それから、②と③を見比べて、最も起こりそうなことを④に書いてください。

《本トレーニング実施後、期待できること》

・脳内の絶望的に考えてしまう部分のスウィッチを切ることができる。

・将来「最も起こりそうなこと」を合理的に予測できるようになる。

4 問題解決力
確実な一歩を踏み出せるようになる

現状をありのままに把握し、将来を合理的に予測できたら、次は「行動」です。「何があれば、もしくは何をすれば、今の問題を解決したり、現状を改善したり、自分にとって最高の道を進めるのか」を考え、行動に移すのが、この段階です。

すでに、合理的に現状の把握や将来の予測ができているので、悲観したり、必要以上に不安になったりすることなく、冷静に対応できるはずです。

1 物事のとらえ方を柔軟にしても解決できないときがある

ときには、「物事のとらえ方を柔軟にしても、今の自分の環境では、この問題は解決できないから依然苦しい」「大きな問題を前に、やる気が出ない」「それでも問題を解決しなければならない」という場合もありますよね。

たとえば、あなたは教員で、授業などの通常業務に加え、事務作業量が増加し、「最近元気がない」という子どもの気になる変化に気づいても、軽く声をかけるにとどまり、十分に向き合えていない状態だとしましょう。「担任である自分が、生徒一人ひとりとしっかり話をし、現状把握と対応をしなければならない」と思いながらも、時間に追われるなかでうまく対応できず、そうこうするうちに「その生徒がケガをする」という問題が起こりました。

あなたは、通常業務に加え、関係者への説明や謝罪、報告書の作成といったその場の対応もしなければならず、ヘトヘト。「私に責任があるのだから、この問題を根本的に解決していかなければいけない」「もっとがんばらなければ」と思う反面、時間がないなかで心が追いつめられ、限界な状況です。

さて、この事例のように「この問題を解決しなければ」と思う反面、「解決できそうもなく思える大きな問題を前にうまく動けず、どうもやる気も出ない」とき、どうしたらいいのでしょうか。

2　まずは希望をもとう

このように、とらえ方を変えるだけではどうにもならず、自信もやる気も失っているときは、まず「呼吸瞑想」（161頁参照）をして、心を落ち着かせましょう。

少し冷静さを取り戻せたら、今度は「あぁ、こんな状態だったらいいな」と希望する状態をイメージしてください。そして、「今からおこなうことが、その希望の状態に近づく道なんだ」と唱えてください。そうすることで、「今からおこなうことには意味がある」と思いやすくなります。

それから、現状を振り返りましょう。と言うのも、今あなたがつらいのは、「こうなりたい」「こうすべき」とあなたが感じていることと現状とにギャップがあるから。この希望と現状のギャップに気づくことが重要です(2・5)。

たとえば、あなたは、「生徒としっかりと向き合いたい」「生徒がケガを負うことになった問題の根本的な解決のために、全体的に現状把握をし、二度と同じことが繰り返されないような体制をつくりたい」と思っているとします。それなのに現実は、「授業と部活、事務作業などに追われ、事故後もその場の対応で精一杯で、生徒と向き合う時間も十分にとれていない」「このようなことが繰り返されないような体制づくりまで手が回らない」という状態。だから、つらいし、苦しいし、「また同じようなことが起こるのでは」と不吉な将来を予測し不安なのです。まずは、こうしたギャップに気づき、「自分がなぜつらいのか」を理解しましょう。

次に、あなたの「こうなりたい」と希望する状態と現状とのギャップを縮小させるには、どんな状態になるといいか、を考えます。たとえば、希望する状態と現状とを見比べると、「生徒としっかり向き合いたいのにできず、事故後の対応もその場限りのものになっている。

図3-7　希望と現実のギャップ

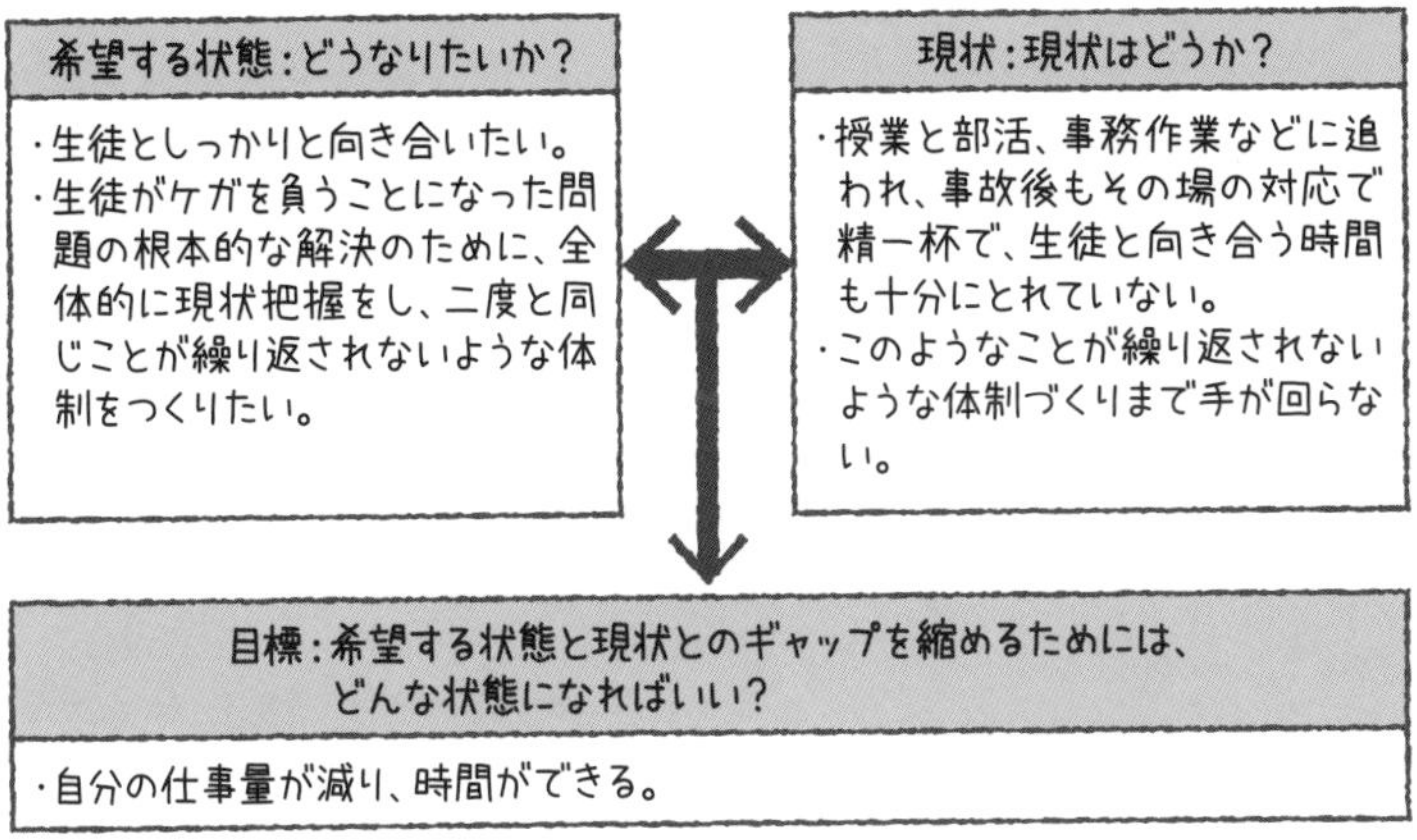
希望する状態：どうなりたいか？
・生徒としっかりと向き合いたい。
・生徒がケガを負うことになった問題の根本的な解決のために、全体的に現状把握をし、二度と同じことが繰り返されないような体制をつくりたい。
現状：現状はどうか？
・授業と部活、事務作業などに追われ、事故後もその場の対応で精一杯で、生徒と向き合う時間も十分にとれていない。
・このようなことが繰り返されないような体制づくりまで手が回らない。
目標：希望する状態と現状とのギャップを縮めるためには、
どんな状態になればいい？
・自分の仕事量が減り、時間ができる。

根本的な解決ができないのは、自分の仕事量が多いのと同時に、マンパワーが足りないからだ」ということに気づけるでしょう。

そうしたら、希望する状態と現状とにギャップがある、今のつらい状態を抜け出すにはどんな状態になるといいのか、目標となる状態を考えるのです。たとえば、「自分の仕事量が減り、時間ができる」という状態になれば、ギャップが縮小するといった具合です（図3-7）。

3　行動計画はSMARTに

希望する状態と現状とのギャップに気づき、そのギャップを縮小するような目標を考えたら、今度は「それらの目標を達成するために、自分はどう動くといいか」を考えます。

その際、まずは、思いつくことを何でも自由に考えましょう。一人でブレインストーミングするのです。現実的になる必要はまったくありません。たとえば、自分の仕事量が減り、時間をつくるために「自分の補佐をつけてもらえないか、上司に相談する」「部活の担当から外してもらえないか、かけあう」「自分の仕事量を上司にしっかりとわかってもらうために、毎日、上司に事故後対応の進捗報告をしながら、自分の大変さを伝える」「養護教諭にサポートしてもらえないか、対応の相談をする」など、思いつく限り、全部書き出します。

書き出したら、今度はそれらを「ＳＭＡＲＴ」の視点から見直しましょう。１４９頁でも前述しましたが、ＳＭＡＲＴ[4・5]とは、Ｓ（Specific：具体的か？）、Ｍ（Measurable：できたかどうか測定・確認できるか？）、Ａ（Achievable：難しすぎず、達成できそうか？）、Ｒ（Relevant：これは適切で効果がありそうな行動か？）、Ｔ（Timed：限られた時間・期間内、たとえば来週くらいまでにできそうか？）から構成されています。

たとえば、「自分の補佐をつけてもらえないか、上司に相談する」という行動を考えた場合、「実際に行動に移して、補佐をつけることは難しいと言われたら絶望的だなぁ。そんなリスクは犯せない」と感じたら、それはあなたにとって達成できそうにない行動、つまりAchievableとは言えない行動になります。同様に、「部活の担当から外してもらえないか、かけあう」というのも、他の教員にしわ寄せがいくことが容易に予測でき、申し訳なく感じるため、自分にはできない行動だし（Achievable とは言えない）、学期の途中ですぐにはで

図3-8　SMARTな行動計画

目標：希望する状態と現状とのギャップを縮めるためには、どんな状態になればいい？

・自分の仕事量が減り、時間ができる。

目標を達成するためのブレインストーミング：目標を達成するために、自分はどう動くといい？

・自分の補佐をつけてもらえないか、上司に相談する。
・部活の担当から外してもらえないか、かけあう。
・自分の仕事量を上司にしっかりとわかってもらうために、毎日、上司に事故後対応の進捗報告をしながら、自分の大変さを伝える。
・養護教諭にサポートしてもらえないか、対応の相談をする。

SMARTな行動計画：来週までに、どう動いていく？

・毎日10分間、上司に、事故後対応の進捗の報告と仕事量の相談をする。
・養護教諭にサポートしてもらえないか、対応の相談をする。

きなかったりするので、Timedとも言えず、結局、行動できないということになってしまうでしょう。

一方で、「毎日10分間、上司に、進捗の報告をするとともに、毎回、仕事量の相談をする」「養護教諭にサポートしてもらえないか、対応の相談をする」という行動だったら、どうでしょう？ これなら、「自分がどんな行動をとるのか」が具体的で（S）、できたかどうか判断でき（M）、簡単にでき（A）、まわりに自分の現状や思いをわかってもらえラクになれそうで（R）、限られた時間内でできる（T）ため、実行に移しやすいですよね。

そんなSMARTな行動を考えるのです（**図3-8**）。小さな行動かもしれないけれど、確実に一歩、前に進める行動を考えましょう。
確実に一歩前に進める行動を考えたら、今度はいよいよ実行です。そしてもし、1～2週間実行してみて希望する状態と現状とのギャップが小さくなったら、成功です！

4 実行してもうまくいかないときは、立ち止まり、振り返る

実行してみても、希望する状態と現状とのギャップが縮まらず、つらいままなのであれば、もう一度やり直しです。目標と行動計画を振り返ってみて、修正したうえで、もう一度実行しましょう。このとき、うまくいかなかった行動だけでなく、ぜひ目標も見直してくださいね。と言うのも、「絶対、こうでなければならない」という信念や固定観念をゆるめて目標設定してみることで、うまく折り合いがつくこともあるからです。

たとえば、毎日上司に相談しても仕事量を減らしてもらえず、また養護教諭もあまり当てにならないことがわかったとします。そうしたら、もう一度、あなたの希望と現状とを見比べるのです。すると、見比べていくうちに「自分がしなければいけない仕事を結び付ける」ということを思いつき、今度は、「仕事を結び付ける」ことを目標としました。

それから、その目標を達成するのに、自分がどう動くといいのかを考え、「次の授業で、今回の問題を話し合い、二度と同じことが繰り返されないような体制をどうつくっていった

図3-9　問題解決に向けたステップ

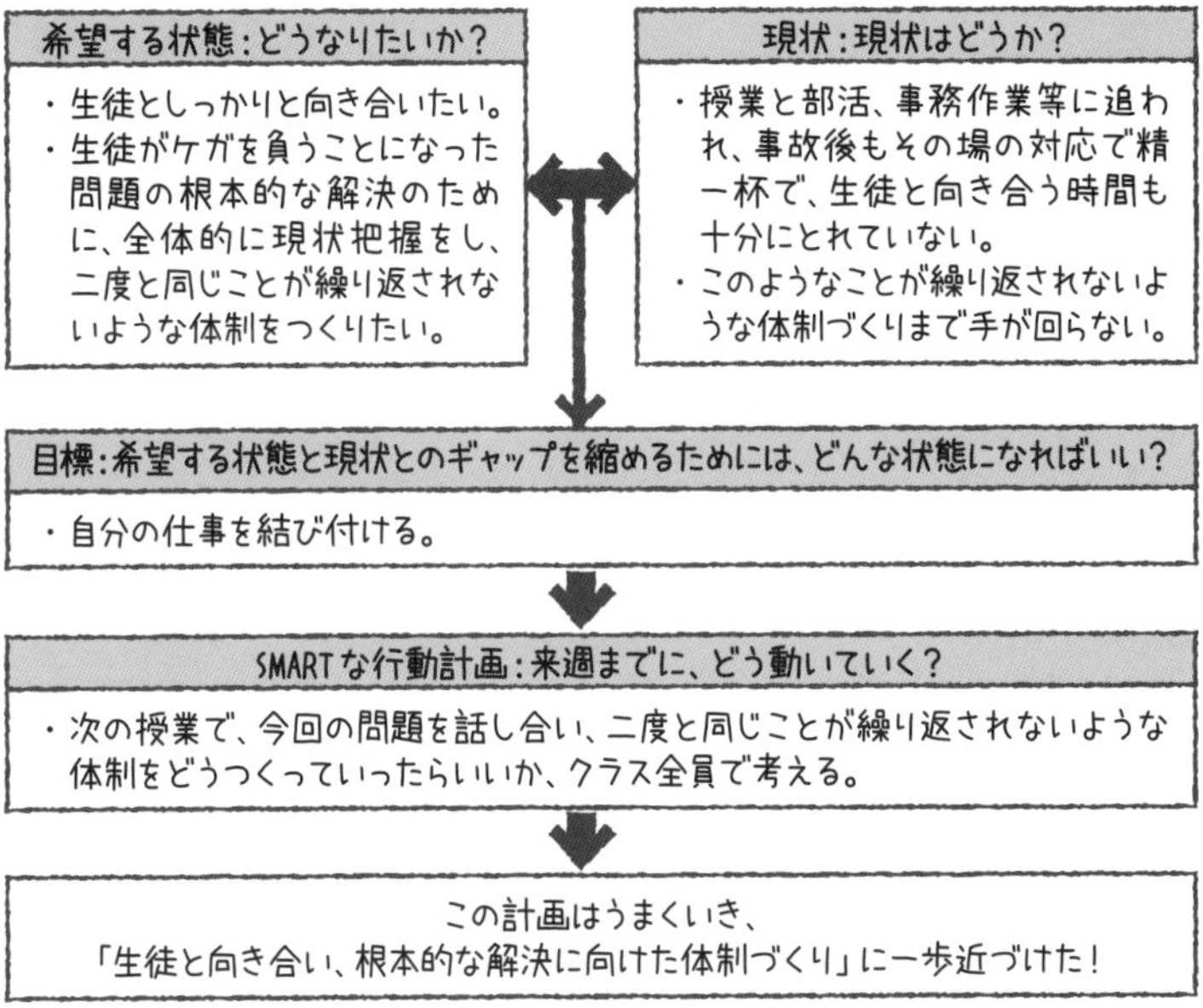
希望する状態：どうなりたいか？
・生徒としっかりと向き合いたい。
・生徒がケガを負うことになった問題の根本的な解決のために、全体的に現状把握をし、二度と同じことが繰り返されないような体制をつくりたい。
現状：現状はどうか？
・授業と部活、事務作業等に追われ、事故後もその場の対応で精一杯で、生徒と向き合う時間も十分にとれていない。
・このようなことが繰り返されないような体制づくりまで手が回らない。
目標：希望する状態と現状とのギャップを縮めるためには、どんな状態になればいい？
・自分の仕事を結び付ける。
SMARTな行動計画：来週までに、どう動いていく？
・次の授業で、今回の問題を話し合い、二度と同じことが繰り返されないような体制をどうつくっていったらいいか、クラス全員で考える。
この計画はうまくいき、
「生徒と向き合い、根本的な解決に向けた体制づくり」に一歩近づけた！

らいいか、クラス全員で考える」という行動計画を立てました。この行動計画通り、実際に次の授業で実行してみたら、各生徒の思いもわかり、情報収集もでき、生徒に一緒に解決策を考えてもらうことができて、時間とマンパワーが足りない状況でも、「生徒と向き合い、根本的な解決に向けた体制づくり」に一歩近づくことができてホッとしました…といった具合です（図3-9）。

このように、希望する状態と現状とのギャップが小さくなるまで、振り返りと実行を繰り返しましょう。

Try 問題解決力を鍛えるトレーニング

とらえ方を変えるだけではどうにもならない問題を思い出してください。それから、「あぁ、こんな状態だったらいいな」と希望する状態をイメージし、図3-10の①に記入してください。そのときに、「今からおこなうことが、その理想に近づく道なんだ」と唱えて、期待を高めてくださいね。次に、現状を振り返ります。今の状態を②に書いてください。いかがでしょうか？　今あなたがつらいのは、「こうなりたい」「こうすべき」とあなたが感じていることと現状とにギャップがあるからだ、ということに気づけましたか？

それから、あなたの「こうなりたい」という希望する状態と現状とのギャップを縮めるためにはどんな状態になるといいかを考え、その目標となる状態を③に書いてください。

目標が定まったら、「その目標を達成するために、自分はどう動くといいか」を考えましょう。このとき、まずは思いつくことを何でも自由に考えましょう。現実的になる必要はまったくありません。思いつく限りを④に書き出します。

書き出したら、今度は、それらを「SMART」の視点から見直しましょう。具体的で（S）、その行動が実行できたかどうか測定・確認できて（M）、難しすぎず、達成できそうで（A）、その行動をとることでラクになれそうで（R）、限られた時間内、たとえば来週くらいまでにできる（T）行動を考えます。小さいかもしれないけれど、確実に、一歩前に進める行動

図3-10　問題解決力を鍛えるワークシート

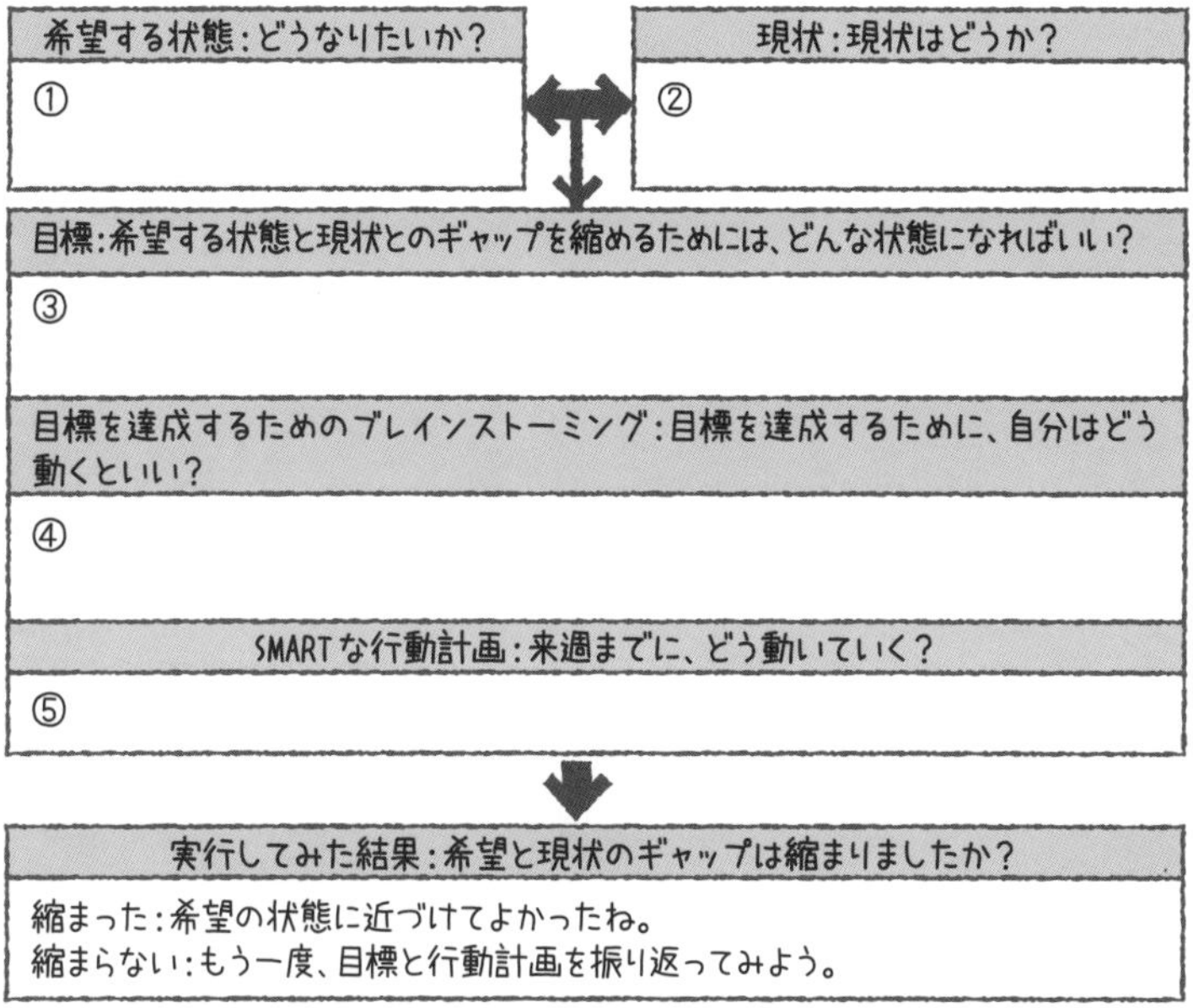
希望する状態：どうなりたいか？
①
現状：現状はどうか？
②
目標：希望する状態と現状とのギャップを縮めるためには、どんな状態になればいい？
③
目標を達成するためのブレインストーミング：目標を達成するために、自分はどう動くといい？
④
SMARTな行動計画：来週までに、どう動いていく？
⑤
実行してみた結果：希望と現状のギャップは縮まりましたか？
縮まった：希望の状態に近づけてよかったね。
縮まらない：もう一度、目標と行動計画を振り返ってみよう。

を考えましょう。考えたら、⑤に書いてください。

いかがですか？　前に進めそうな気になれましたか？　なれたら、ぜひ、⑤で書いた内容を行動に移してくださいね。そして、1～2週間やってみて、希望する状態と現状とのギャップが小さくなったら、成功です！

もし実行してみても、希望する状態と現状とのギャップが縮まらず、つらいままなのであれば、もう一度、やり直しです。

目標と行動計画を振り返り、その新たな行動計画を実行してください。

《本トレーニング実施後、期待できること》

・「あぁ、自分はこうなりたかったんだ」というモチベーションのもとが思い出せる。
・自分の行動がどこにつながるのかがわかる。
・確実な一歩を踏み出せる。
・希望と現状のギャップから生まれる苦しみが緩和される。

5 あなたを助けてくれる5つの存在

さいごに、これだけは絶対に覚えておいていただきたいことをお伝えします。

それは、「生きていると、自分一人では解決できないような問題に遭遇することがある」ということ。だから、自分一人で解決できないようであれば、自分のまわりにある「助けてくれる存在」に気づき、早めに頼ってください。

逆境下にいるときは、「誰も助けてくれない」「もっと自分ががんばらなければ」と自分で自分を追いつめてしまいがちです。

しかし実際には、いろいろな角度から助けてくれる存在はいるもの。そのことに気づくことで、つらい状況のなかでも心が折れてしまうことなく対応していけます。

潜在的な「助けてくれる存在」を見つけるために、「私のまわりには、助けてくれる存在がたくさんいるはず。焦らず、１つずつ思い出してみよう」と自分に話しかけてみましょう。

まずは、「実質的に助けてくれる人や組織、制度」を思い出してみましょう。先ほどの「生徒としっかり向き合いたいのにできず、限られた対応しかできなくて苦しい」という事例であれば、その問題に一緒に向き合ってくれそうな同僚はいませんか？　また、あなたの学校には、心のケアを専門とするスクールカウンセラーや福祉面のサポートを専門とするスクールソーシャルワーカーはいませんか？　チームで子どもを支援する体制はありませんか？　地域やＮＰＯで働く保健師やボランティア団体を頼ることはできませんか？　こうした実際に助けてくれそうな人や組織、制度の存在に気づけると、心が追いつめられにくくなります。

もちろん、実際に助けてもらえそうにない場合もあります。同僚も忙しく、学校に生徒を包括的に支援する体制もできておらず、担任にすべてが任されていて、なんとかしたいのだけれど、何をどうしたらいいのか見当もつかないといった場合です。

そんなときに、生徒を包括的に支援する体制づくりの研修会で、今のあなたが抱えている問題の解決策となるような内容を教えてもらえ、「あっ、この情報、使えそう！　これを応用して、わが校でも実施してみよう」と思えたら、その問題に対応するやる気が湧いてきますよね。実は、「情報をくれる人や機会」も、あなたを助けてくれる存在なのです。これには、研修会に限らず、書籍や経験豊富な同僚、スクールカウンセラーや弁護士などの専門家といった情報をくれる人も含まれます。

「心を癒してくれる存在」もありがたいものです。仕事で疲れきったあなたが帰宅したときに、きちんと話を聞いてくれて、「大変だったね」と自分のつらい気持ちを受け止めてくれる家族などがいると、「なんとかなる」と思いやすくなるものです。こうした存在は、人だけに限らず、ペットや植物も含まれます。

それから、「心の居場所をくれる仲間や場所」も、あなたを助けてくれることがあります。たとえば、大きな問題を起こしてしまい、同僚には距離を置かれ、家族にも「あなた、どうするの」と責めたてられ、孤立してしまった。でも、そうしたときに、10年以上、なんとなく通っているバーのゆるいつながりのマスターや常連客と、たわいない話をしながらも、温かい絆や心の居場所を感じられたりすると、少し元気を取り戻せたりします。

さらに、「決断や行動を後押ししてくれる人」も、あなたを助けてくれる存在と言えます。「問題を解決するには、この行動をとるといいだろう」と思ってはいても、その問題を起こした張本人である自分自身の決断に、どうも自信がもてない。そんなときに、校長が「あなたの決断は正しいと思いますよ」と言ってくれたりすると、自信をもって対応に当たれます。

このようにして様々な角度から考えてみると、私たちのまわりには、助けてくれる存在が意外とたくさんいるものです。そうした存在にうまく頼りながら、何でもかんでも自分一人でやろうとしないことが、しなやかに逆境を乗り越えていくためには重要なのです。

Try

自分を助けてくれる存在に気づくトレーニング

「もうどうにもならない」「自分一人でもっとがんばらなければ」という思いが出てきて、つらいときにやってほしいトレーニングを実践してみましょう。

「もうどうにもならない」と思う出来事を思い出し、書いてください。**表3-2**（次頁）の①に、「もうどうにもならない」と思う出来事を思い出し、書いてください。書き込んだら、「私のまわりには、助けてくれる存在がたくさんいるはず。１つずつ思い出してみよう」と、自分自身に語りかけ、「実質的に助けてくれる人や組織、制度」を②に、「情報をくれる人や機会」を③に、「心を癒してくれる存在」を④に、「心の居場所をくれる仲間や場所」を⑤に、「決断や行動を後押ししてくれる人」を⑥に、それぞれ記入してください。

すべての欄が埋まらなくてもかまいません。でも、あなたのまわりには、意外と「助けてくれる存在」がいることに気づけたのではないでしょうか。気づけたら、そうした存在にアサーティブに（117頁参照）頼ってみてくださいね。

《本トレーニング実施後、期待できること》

・「自分には助けてくれる存在がいる」ということに気づける。
・なんとかなりそうな気になれる。

表3-2　自分を助けてくれる存在に気づくワークシート

①(　　　　　　　　　　　　　　　　　　　　　　　　　　　　　　　　　　)

あなたを助けてくれる存在	誰かいない？
実質的に 助けてくれる 人や組織、制度 	②
情報をくれる 人や機会 	③
心を癒してくれる 人やペット 	④
心の居場所を くれる仲間や場所 	⑤
決断や行動を後押し してくれる人 	⑥

終章

「生き抜く力」を育む15の質問

ここまで読まれて、「どのような家庭・学校環境のなかで生活をすると、生き抜く力が育まれやすいのか」「日頃から、どのように子どもとコミュニケーションをとっていけばいいのか」「家庭・学校づくりは、具体的にどう進めていけばいいのか」「自分自身でスキルアップするには、何をしたらいいのか」について、ご理解いただけたと思います。

でも、「今はわかったように感じていても、日常に戻り、忙しさに身を任せるうちに、本書の内容をすっかり忘れてしまう」ということもあるかもしれません。

そんなもったいないことにならないように、子どもの「生き抜く力」を育む接し方や家庭・学校づくり、スキルアップができているかを振り返るための15の質問を用意しました。

一度、読み終わっても、子どもとの接し方に悩んだときや元気になれないときなど、定期的に、これらの質問をご自身に問いかけてみてください。

そして、もしうまくできていないようであれば、該当頁を読み、内容を思い出していただけると幸いです。きっと解決に向けての道が見つかるはずです！

Q1
日々、肯定的な言葉を使っていますか？

できていない場合は、63頁をcheck!

Q2
子どもの話を聞くときは、共感し、受け止めていますか？

できていない場合は、68頁をcheck!

Q3
子どもと話すときは、モチベーションを引き出すOARSの4つのスキルを用いていますか？

できていない場合は、75頁をcheck!

Q④
子どもが努力していること、自主的に工夫していること、集中力や忍耐力をもって取り組んでいることなどに、日頃から気づき、認めるようにしていますか？

できていない場合は、92頁をcheck!

Q⑤
困難を乗り越えたり、努力したりする意味に気づけるような対話を子どもとしていますか？

できていない場合は、96頁をcheck!

Q⑥
家庭やクラスのなかに、お互いに尊重し、受け入れ合う風土がありますか？

できていない場合は、101頁をcheck!

Q7

子どもが関心を高め、「これくらいならできるかも」と思えるために大切な「観察学習」や、自分の能力に自信をもつために不可欠な「成功体験」の機会がありますか？

できていない場合は、105頁をcheck!

Q8

自分の感情や気持ち、考えなどを率直に、しかも相手を傷つけずに、その場の状況に合った適切な方法で伝えていますか？　またそうした「アサーション」のスキルを、子どもに教えていますか？

できていない場合は、117頁をcheck!

Q⑨

子どもが気になる行動をとったとき、「最近、なんだか家族（あるいは、クラス）がバラバラだ」といった違和感を抱いたりしたときなどに、話し合いの場を設けていますか？　またその際、お互いの意見を尊重し、価値観を共有しながら、公平なルールをつくっていますか？

できていない場合は、132頁をcheck!

Q⑩

安心して元気に過ごせる学校づくりに取り組んでいますか？

できていない場合は、141頁をcheck!

Q 11

日常生活のなかに、マインドフルな時間がありますか？　また心を落ち着かせる方法を、子どもに教えていますか？

できていない場合は、159頁をcheck!

Q 12

現状を悲観的にとらえることなく、ありのままに理解できていますか？　またその方法を、子どもに教えていますか？

できていない場合は、168頁をcheck!

Q 13

将来「最も起こりそうなこと」を合理的に予測できていますか？　またその方法を、子どもに教えていますか？

できていない場合は、178頁をcheck!

Q 14

「希望と現状のギャップから生まれる苦しみをどう緩和したらいいのか」「どうしたら、今抱えている問題を解決する一歩を踏み出すことができるのか」を理解し、実行できていますか？　またその方法を、子どもに教えていますか？

できていない場合は、186頁をcheck!

Q 15

様々な角度から自分を助けてくれる存在がいることに気づけていますか？　また多種多様な支援に気づくための方法を、子どもに教えていますか？

できていない場合は、196頁をcheck!

おわりに

いかがでしたでしょうか？　「生き抜く力とは、何なのか」「この力を育むには、何をすればいいのか」ご理解いただけましたでしょうか？

人がもつこの素晴らしい力について、私が関心をもつようになったのは、今からちょうど15年前、あるプロジェクトにかかわったときに、ゼリカさんというクロアチアの女性ジャーナリストと出逢ったのが、きっかけです。最初は普通に仕事上の連絡をとっていたのですが、「そう言えばゼリカさんは、思春期のとき旧ユーゴ紛争の激戦地域に住んでいたサバイバーだった」ということに、ある日ふと、気づきました。

旧ユーゴ紛争とは、1990年代にヨーロッパの多民族国家、ユーゴスラビア社会主義連邦共和国の崩壊に伴い勃発した内戦のことです。「なぜ、思春期という最も多感な時期に戦争体験をしたにもかかわらず、健康で自立した人に成長できたのか。ゼリカさんは、特別なスーパーウーマンなのか」と疑問に感じた私は、その答えを探るために、クロアチアに単身渡航しました。すると驚くべきことに、ゼリカさんと同じく、思春期を激戦地域で過ごしたのに、良好な健康状態を維持している人たちが、少なからずいたのです！

そこで「なぜ、この人たちは、思春期のときに数々のつらい経験をしてきたのに、健康を維持できているのか」を探り始めました。そのときの研究は、「ＳＯＣ（首尾一貫感覚）」を育むのに影響したと考えられる要因を明らかにしていくという内容だったのですが、研究を進めるうちに、「ここで学んだ内容をもとに、現地で、健康で幸せな社会をつくるお手伝いがしたい」と思い、クロアチアに約10年間、通うようになりました。

そうして通ううちに、クロアチアの人たちとの関係も、研究者と調査対象者から、友人へと変わっていきました。そんな年月のなかで、一人の女性が興味深い変化を見せたのです。

その女性、Ａさんは、中学生のときに戦争が激化した地域に住んでいた、ボスニアからの移民でした。私と出逢ったとき、Ａさんは20代半ばの、留年を重ねる大学生でした。Ａさんの家族は、長年続いた戦争ですべてを失いながらも、「娘の、大学に行きたいという夢を叶えてあげたい」と必死で働き、彼女の学費や生活費の仕送りをしていました。Ａさんはそのことに感謝し、「今のままじゃダメだ。休まずにきちんと大学に通わなければ」「アルバイトをして、親の負担を減らさなければ」と思うものの、心と身体が言うことを聞いてくれずに、実行できない状態が続いていました。「そんな自分のことが、自分でも理解できない。自分が嫌で、情けなくて、たまらない」と言うＡさんを、まわりの人たちは温かく見守っていました。「Ａさんの戦争中の体験は、トラウマとなってもおかしくないほど悲惨なもの。そんな体験をしていたら、今の、戦争のない平和な生活にうまく適応できなくても仕方がない」と考えていたからです。

それから5年ほど経ち、久しぶりにAさんの住むまちを訪れたときのこと。Aさんの姿が見られなかったので、「どうしたのか」と聞いてみると、思いがけない言葉が返ってきました。なんとAさんは、しばらく会わない間に無事卒業し、今では別のまちにある学校で教員をしながら大学院にも通っているとのこと！ しかも結婚し、最近、家を建てたというのです。このAさんの変化を聞き、私は喜びのあまり叫ぶと同時に、「心の病気になり、日常生活もままならなくなっても、さらに人生を好転させられる可能性はあるのではないか」と考えるようになりました。そして調べてみると、すぐに「心的外傷後成長」という概念が見つかりました。

「本当につらい経験をしてしまったから、もがき苦しんでいるんだね。でも苦しみを生き抜いていくなかで、結果として、成長できたと思えている人は多いし、それに今感じている強い苦しみは、永遠に続くわけではないんだよ。」

そんな優しいメッセージを理論的に解説した、心的外傷後成長の概念や研究結果は、「この力が高いと、うまく逆境を乗り越えられる」というレジリエンスやSOCとはまた別の角度から、「生き抜く力」の可能性を示しているように思えました。

こうしてクロアチアの人たちとの交流をもとに、理論的に「生き抜く力」を解釈していく日々のなか、日本国内でも、小児がん患者やその家族、自然災害の被災者やその支援者など、様々な逆境下にいる方々から、「生き抜く力」の多様性や可能性を教えていただく機会に恵まれました。そして多様な立場の人々と接していくうちに、「この内容を多くの方々に知っていただくことで、つらいことがあっても、うまくそれを乗り越えていける人が増えるのではないか」と思うようになり、このテーマの講演や執筆活動を始めたのです。

この度、自分自身の研究を含む、多くの研究をレビューしながら本書を書き進めていくなかで、「生き抜く力は、なんて多様性に富む、味わい深い、素晴らしいものなんだろう」と何度もあらためて実感しました。言葉で表現するにはあまりに深すぎるこの力について、専門知識の有無にかかわらず多くの方々にストンと理解していただくために、本書では、その内容を一般化したり、単純化させたりしました。そうすることでわかりやすくなった反面、まだ基本しかお伝えできていない気もしています。

そこで… 読者の皆様にお願いがあります。「生き抜く力」の深さや味わい、そして素晴らしさについては、本書で書かれている内容を、あなたやまわりにいる子どもたちの人生のなかで応用し、体感しながら学んでいっていただけたら、とても嬉しいです。本書は、効果とやりやすさという2つの視点から思春期に焦点を当てましたが、前述のボスニア人女性Aさんのケースからもわかる通り、この力は大人になってからでも、ゆるやかに育んでいけるものなのですから。

さいごになりますが、本書を世に出すに当たり、多くの方々にお世話になりました。

まずは、本書の価値に共感し、帯文を書いてくださった、東京大学名誉教授で元文部科学省中央教育審議会委員の衞藤隆先生。日本学校保健学会や日本セーフティプロモーション学会の理事長も務められている、まさに学校保健分野の第一人者である衞藤先生に推薦の御言葉をいただけたことは、とても光栄なことでした。また、第2章で紹介した「健康生成的にいじめ問題を克服する7つのステップ」を、第25回日本健康教育学会学術大会のラウンドテーブルでお披露目した際、衞藤先生がファシリテーターとして、国内外の学校保健現場の状況を踏まえてその意義を強調してくださったことで、参加者の皆様と生産的で質の高いディスカッションができました。

それから、前述のクロアチア研究を、当時の東京大学大学院医学系研究科健康社会学研究室でご指導くださった、恩師の山崎喜比古先生。山崎先生のおかげで、SOCの素晴らしさを理解することができました。

第1章の図1-4を作成する際にご教示くださった、オーストラリアのクイーンズランド工科大学のジェーン・シェイクスピア・フィンチ先生に心から感謝しております。

また第2章で「DJポリスが肯定的な表現のパワーを多くの日本人に教えてくれた」と書きましたが、そのことに気づかせてくださったのは、筑波大学の笹原信一朗先生でした。

第3章で、本書のために家庭・学校用「呼吸瞑想」トレーニングを考案してくださった大阪大学大学院の岩田昌美先生にもお礼を申し上げます。研究だけでなく、ヨーガ療法を日々、実践されている岩田先生にご協力いただけたおかげで、「文章を読むだけで、子どもに指導ができる」という、指導する側にとってありがたい「即実践につながるトレーニング」を紹介することができました。

また、関西福祉科学大学の長見まき子先生と近畿大学の本岡寛子先生のおかげで、問題解決力を鍛える方法を体感的に理解することができました。

私に心を開いてつらい経験を話し、「生き抜く力」の多様性や可能性を教えてくださったクロアチアの戦争生存者の方々、国内の小児がん患者やそのご家族の皆様、地震や津波などの被災者やその支援者の方々にも、心から感謝しています。

またゼリカ・ラチキ・クリスティッチさんをはじめ、クロアチアでの研究およびヘルスプロモーション活動を支援してくださった皆様にもお礼を申し上げます。

さらに、安定した気持ちで、筆を進めることができたのは、家族や社員をはじめ、いつも支えてくださっている皆様のおかげ。本当にありがとうございます。

そして何より、本書の価値を強く信じ、優しい姿勢で支え、私の夢を素晴らしい形にしてくださった大修館書店の笠倉典和さんに、深謝いたします。

さいごに、本書を最後まで読んでくださったあなたへ。

心からの感謝の気持ちを込めて。

蝦名玲子

treatment. NY: Guilford Press.
26 岸見一郎, 古賀史健『幸せになる勇気—自己啓発の源流「アドラー」の教えⅡ』ダイヤモンド社, 2016年
27 国立教育政策研究所生徒指導・進路指導研究センター. いじめ追跡調査2010-2012. 2013年. http://www.nier.go.jp/shido/centerhp/2507sien/ijime_research-2010-2012.pdf (2016年6月4日にアクセス)
28 尾木直樹『いじめ問題をどう克服するか』岩波書店, 2013年
29 Petty RE & Cacioppo JT. Communication and Persuasion: Central and Peripheral Routes to Attitude Change. NY: Springer-Verlag. 1986
30 Hodgins M. Taking a Health Promotion Approach to the Problem of Bullying. IJP&PT. 2008; 8 (1): 13-23.
31 鎌田穣：遊び心をもった楽しいクラス運営（総論）－クラス担任の役割. アドレリアン. Oct 1996; 10 (2): 1-13.
32 蝦名玲子, 衞藤隆. いじめ問題を克服するヘルスプロモーション：子どもも大人も優しくなれる道を探求しよう. 日本健康教育学会誌. 2016; 24 Suppl: 172.
33 本岡寛子. 認知行動療法を用いた行動マネジメント. 大阪：特定非営利活動法人大学院連合メンタルヘルスセンター主催第4回臨床心理ワークショップ. 2015.

第3章

1 Kabat-Zinn J. Whenever you go, there you are: Mindfulness meditation in everyday life. New York: Hyperion. 1994.
2 大野裕, 中野有美（編）『こころのスキルアップ教育の理論と実践』大修館書店, 2015年
3 ライビッチ K, シャテー A（著）宇野カオリ（訳）『レジリエンスの教科書—逆境をはね返す世界最強トレーニング』草思社, 2015年
4 蝦名玲子『ヘルスコミュニケーション—人々を健康にするための戦略』ライフ出版社, 2013年
5 本岡寛子. 認知行動療法を用いた行動マネジメント. 大阪：特定非営利活動法人大学院連合メンタルヘルスセンター主催第4回臨床心理ワークショップ. 2015.

8 堀内都喜子『フィンランド　豊かさのメソッド』集英社, 2008年
9 Bandura, A（著）重久剛（訳）「自己効力（セルフ・エフィカシー）の探究」 祐宗省三, 原野広太郎, 柏木惠子, 春木豊（編）『社会的学習理論の新展開』金子書房, 1985年
10 Werner EE, Smith RS. Vulnerable but invincible: A study of resilient children. NY: McGraw-Hill. 1982.
11 ファンジェ F（著）高野優, 内山奈緒美（訳）『自信をもてない人のための心理学』紀伊國屋書店, 2014年
12 斎藤環『ひきこもりはなぜ「治る」のか？　精神分析的アプローチ』筑摩書房, 2014年（第二刷）
13 フロム E（著）鈴木昌（訳）『愛するということ』紀伊国屋書店, 1991年（新訳版）
14 キャロル・ドウェック. 必ずできる！　未来を信じる脳の力. Ted×Norrkoping. Filmed November 2014. https://www.ted.com/talks/carol_dweck_the_power_of_believing_that_you_can_improve?language=ja （2016年3月22日にアクセス）
15 Duckworth AL, Peterson C, Matthews MD, Kelly DR. Grit: Perseverance and passion for long-term goals. J Pers Soc Psychol. 2007; 92(6): 1087-1101.
16 ダックワース AL. 成功のカギは、やり抜く力. TED talks education. Filmed April 2013. https://www.ted.com/talks/angela_lee_duckworth_the_key_to_success_grit?language=ja（2016年3月22日にアクセス）
17 Gilbert E. Your elusive creative genius. TED2009. Filmed Feb 2009. https://www.ted.com/talks/elizabeth_gilbert_on_genius?language=en（2016年3月22日にアクセス）
18 Scheier MF, Carver CS. Self-regulatory processes and responses to health threats: Effects of optimism on well-being. In Suls J and Wallston K（Eds.）, Social psychological foundations of health and illness. 2003. Oxford, England: Black well publishing.
19 蝦名玲子『ヘルスコミュニケーション―人々を健康にするための戦略』ライフ出版社, 2013年
20 Bandura A. Self-efficacy: Toward a unifying theory of behavioral change. Psychol Rev. 1977; 84(2), 191-215.
21 Cuddy A. Your body language shapes who you are. TedTalks. Retrieved 9 September 2013. http://www.ted.com/talks/amy_cuddy_your_body_language_shapes_who_you_are（2016年3月18日にアクセス）
22 平木典子, 沢崎達夫, 土沼雅子（編著）『カウンセラーのためのアサーション』金子書房, 2005年（5刷）
23 Bower SA, Bower GH. Asserting Yourself. Addison-Wesley; 1976.
24 Sandler I, Miller P, Short J, Wolchik S. Social support as a protective factor for children in stress. In Belle D（Ed.）, Children's social networks and social supports. NY: John Wiley & Sons. 1989.
25 Lieberman AF, Van Horn P. Assessment and treatment of young children exposed to traumatic events. In Osofsky JD.（Ed.）Young children and trauma: Intervention and

31 蝦名玲子. イチロー選手流「クヨクヨ脱出法」とは？ 蝦名玲子の元気力UP塾. へるすあっぷ21. 2011; 6: 32-33
32 Tedeschi RG, Calhoun LG. The Posttraumatic Growth Inventory: Measuring the Positive Legacy of Trauma. J Trauma Stress. 1996; 9: 455-471.
33 Calhoun LG, Tedeschi RG（著）宅香菜子・清水研（訳）「心的外傷後成長の基礎：発展的枠組み」Calhoun LG, Tedeschi RG（編）宅香菜子, 清水研（監訳）『心的外傷後成長ハンドブック－耐え難い体験が人の心にもたらすもの』医学書院, 2014年
34 Taku K, Calhoun LG, Tedeschi RG, Gil-Rivas V, Kilmer RP, Cann A. Examining posttraumatic growth among Japanese university students. Anxiety Stress Coping. 2007; 20(4): 353-367.
35 Shakespeare-Finch, J., Lurie-Beck, J. A meta-analytic clarification of the relationship between posttraumatic growth and symptoms of posttraumatic distress. J Anxiety Disord. 2014; 28: 223-229.
36 Milam JE, Ritt-Olson A, Unger J. Posttraumatic growth among adolescents. J Adolesc Res. 2004; 19: 192-204.
37 Kilmer RP（著）小澤美和（訳）「子どものレジリエンスと心的外傷後成長」Calhoun LG, Tedeschi RG（編） 宅香菜子・清水研（監訳）『心的外傷後成長ハンドブック－耐え難い体験が人の心にもたらすもの』医学書院, 2014年
38 近藤卓（編）『PTG心的外傷後成長－トラウマを超えて』金子書房, 2012年
39 つんく♂『だから、生きる。』新潮社, 2015年
40 Nishi D, Matsuoka Y, Kim Y. Posttraumatic growth, posttraumatic stress disorder and resilience of motor vehicle accident survivors. Biopsychosoc Med. 2010; 24: 4-7.

第2章

1 Lepore SJ. Cynicism, social support, and cardiovascular reactivity. Health Psychol. 1995, 14 (3), 210-216.
2 ウォーフ BL（著）池上嘉彦（訳）『言語・思考・現実』講談社, 1993年
3 Monahan J. Thinking positively: Using positive affect when designing health messages. In E. Mailbach & R. L. Parrott (eds.) Designing Health Messages. Newbury Park. CA:Sage. 1995.
4 デシ EL, フラスト R（著）桜井 茂男（訳）『人を伸ばす力―内発と自律のすすめ』新曜社, 1996年
5 ミラー WR, ロルニック S（著）松島義博・後藤恵（訳）『動機づけ面接法 基礎・実践編』星和書店, 2007年
6 外山美樹. 自律的な理由で勉強することが適応的である. 小中学生の学びに関する調査報告書, 研究レポート2, 1-9. ベネッセ教育総合研究所；2015.
7 Deci EL, Koestner R, Ryan RM. A meta-analytic review of experiments examining the effects of extrinsic rewards on intrinsic motivation. Psychol Bull. 1999 Nov;125(6):627-68; discussion 692-700.

resilience in the transition to adulthood: continuity and change. Dev Psychopathol. 2004; 16(4): 1071-1094.

14 Brunwasser SM, Gillham JE, Kim ES. A meta-analytic review of the Penn Resiliency Program's effect on depressive symptoms. J Consult Clin Psychol. 2009; 77(6): 1042-1054.

15 Gillham JE, Reivich KJ, Brunwasser SM, Freres DR, Chajon ND, Kash-MacDonald VM, Chaplin TM, Abenavoli RM, Matlin SL, Gallop RJ, Seligman MEP. Evaluation of a group cognitive-behavioral depression prevention program for young adolescents: A randomized effectiveness trial. J Clin Child Adolesc Psychol. 2012; 41(5): 621-639.

16 渡辺みどり『シャネル・スタイル』文藝春秋, 2005年

17 アントノフスキー A(著), 山崎喜比古・吉井清子(監訳)『健康の謎を解く－ストレス対処と健康保持のメカニズム』有信堂高文社, 2001年

18 蝦名玲子『元気な職場をつくるコミュニケーション』法研, 2010年

19 蝦名玲子『困難を乗り越える力－はじめてのSOC』PHP研究所, 2012年

20 蝦名玲子『ストレス対処力SOCの専門家が教える－折れない心をつくる３つの方法』大和出版, 2012年

21 戸ヶ里泰典, 小手森麗華, 山崎喜比古, 佐藤みほ, 米倉祐貴, 熊田奈緒子, 榊原（関）圭子. 高校生におけるSense of Coherence（SOC）の関連要因の検討: 小・中・高の学校生活各側面の回顧的評価とSOCの10カ月間の変化パターンとの関連性. 日本健康教育学会誌. 2009; 17(2): 71-86.

22 山崎喜比古, 戸ケ里泰典（編）『思春期のストレス対処力SOC－親子・追跡調査と提言』有信堂高文社, 2011年

23 Ebina R, Yamazaki Y. Sense of coherence and coping in adolescents directly affected by the 1991-5 war in Croatia. Glob Health Promot. 2008; 15(4): 5-10.

24 Würtz ET, Fonager K, Mortensen JT. Association between sense of coherence in adolescence and social benefits later in life: a 12-year follow-up study. BMJ Open. 2015; 5(1): e006489.

25 Eriksson M, Lindström B. Validity of Antonovsky's sense of coherence scale: a systematic review. J Epidemiol Community Health. 2005; 59(6): 460-466.

26 Eriksson, M. & Lindstrom, B. Antonovsky's sense of coherence scale and the relation with health - a systematic review. J Epidemiol Community Health. 2006; 60: 376-381.

27 Lindstom, B. & Eriksson, M. A salutogenic approach to tackling health inequalities. In Morgan, A., Davies, M., & Ziglio, E. (eds). Health Assets in a Global Context. 2010; Springer.

28 Torsheim T, Aaroe LE, Wold B. Sense of coherence and school-related stress as predictors of subjective health complaints in early adolescence: interactive, indirect or direct relationships?　Soc Sci Med. 2001; 53(5): 603-614.

29 Selye, H. Stress Without Distress. 1974; Lippincott Williams & Wilkins.

30 Sagy, S. & Antonovsky, H. The development of the sense of coherence: a retrospective study of early life experiense in the family. Int J Aging Hum Dev. 2000; 51(2): 155-166.

引用・参考文献

はじめに

1 アントノフスキー A（著）山崎喜比古・吉井清子（監訳）『健康の謎を解く－ストレス対処と健康保持のメカニズム』有信堂高文社，2001年

2 Masten AS, Burt KB, Roisman GI, Obradović J, Long JD, Tellegen A. Resources and resilience in the transition to adulthood: continuity and change. Dev Psychopathol. 2004; 16(4): 1071-1094.

3 Milam JE, Ritt-Olson A, Unger J. Posttraumatic growth among adolescents. J Adolesc Res. 2004; 19: 192-204.

第1章

1 Mastern A, Best K, Garmezy N. Resilience and development: Contributions from the study of children who overcome adversity. Dev Psychopathol. 1990; 2: 425-444.

2 Luthar SS, Cicchetti D, Becker, B. The construct of resilience: A Critical Evaluation and Guidelines for Future Work. Child Dev. 2000; 71(3): 543-562.

3 Alexander DE. Resilience and disaster risk reduction: an etymological journey. Nat. Hazards Earth Syst. Sci. 2013; 13: 2707-2716.

4 庄司順一．リジリエンスについて．人間福祉学研究. 2009; 2(1): 35-47.

5 Garmezy N, Masten AS, Tellegen A. The study of stress and competence in children: a building block for developmental psychopathology. Child Dev 1984; 55: 97-111.

6 Werner E. Resilience and Recovery: Findings from the Kauai Longitudinal Study. Focal Point: Research, Policy, and Practice in Children's Mental Health: Resilience and Recovery. 2005; 19(1), 11-14.

7 Masten AS, Hubbard JJ, Gest SD, Tellegen A, Garmezy N, Ramirez M. Competence in the context of adversity: pathways to resilience and maladaptation from childhood to late adolescence. Dev Psychopathol. 1999; 11(1): 143-169.

8 Luthar SS. Vulnerability and Resilience: A Study of High-Risk Adolescents. Child Dev. 1991; 62(3): 600-616.

9 Duckworth AL, Peterson C, Matthews MD, Kelly DR. Grit: Perseverance and passion for long-term goals. J Pers Soc Psychol. 2007; 92(6): 1087-1101.

10 Luthar SS. The Construct of Resilience: A Critical Evaluation and Guidelines for Future Work. Child Dev. 2000; 71(3): 543-562.

11 ライビッチ K，シャテー A（著），宇野カオリ（訳）『レジリエンスの教科書－逆境をはね返す世界最強トレーニング』草思社，2015年

12 Mastern AS. Ordinary magic: Resilience processes in development. Am Psychol. 2001; 56(3): 227-238.

13 Masten AS, Burt KB, Roisman GI, Obradović J, Long JD, Tellegen A. Resources and

［著者紹介］

蝦名　玲子（えびな　りょうこ）

博士（保健学）／健康社会学者

ヘルスコミュニケーションスペシャリスト，日本公衆衛生学会認定専門家

米国ミシガン州立大学卒業後，同大学院にて修士号（コミュニケーション学），東京大学大学院医学系研究科にて博士号（保健学）を取得。

日本訪問看護振興財団や大阪府立健康科学センター等で勤務後，2002年にグローバルヘルスコミュニケーションズ代表に就任。国外ではクロアチアで旧ユーゴ紛争生存者の，国内では小児がん患者等の「生き抜く力」研究や支援活動を実施。こうした経験をもとに，保健医療福祉専門職の教育や大学の講義，自治体の地域保健事業や職場のメンタルヘルス対策のコンサルティング等に従事。明快な講演やコンサルティングは，好評を博している。日本健康教育学会代議員，東京大学大学院医学系研究科客員研究員等も兼任。主な著書は，『困難を乗り越える力』（PHP新書），『折れない心をつくる3つの方法』（大和出版），『ヘルスコミュニケーション』（ライフ出版社）等。

「生《い》き抜《ぬ》く力《ちから》」の育《そだ》て方《かた》——逆境《ぎゃっきょう》を成長《せいちょう》につなげるために

NDC374／vii, 219p／19cm

初版第1刷——2016年11月20日

著者————蝦《えび》名《な》玲子《りょうこ》

発行者————鈴木一行

発行所————株式会社 大修館書店

〒113-8541 東京都文京区湯島2-1-1

電話03-3868-2651（販売部）　03-3868-2297（編集部）

振替00190-7-40504

［出版情報］http://www.taishukan.co.jp

装丁者————小口翔平＋上坊菜々子（tobufune）

本文レイアウト—CCK

本文イラスト—岡部篤

印刷所————広研印刷

製本所————ブロケード

ISBN 978-4-469-26805-8　Printed in Japan